隨時需要·隨時算！

投資運勢
速推法

太神奇了！隨時算財運，用紫微找到你的最佳投資時機！！

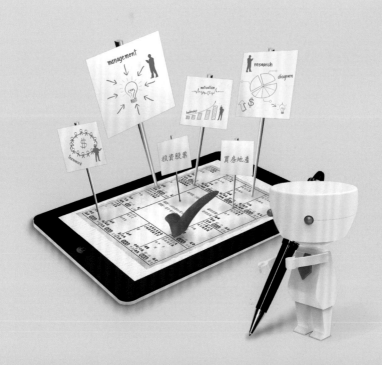

　　人生在世，大部分的人是既為前途打拚，也為錢（$）途打拚。當然喔！這裡指的是「大部分人」之心態，因此當然也有少部分的人視錢財如糞土，甚至看待名利為身外之物，生不帶來，死不帶去，不足重視也。

　　不過，即使您對錢財並沒有看得那麼重，但就現實面而言，我們要有足夠的錢才能維持生活所需。因此，假如我們在投資理財方面十分順遂，讓小錢能夠滾出大錢，而不是小錢滾到沒錢，那麼我們就能隨時擁有足以維持生活所需的money，也就不用為了沒錢過活而煩惱了。那麼，要怎樣才能確保投資理財能更順遂呢？

　　筆者因為某種機緣，許多年一直在研究上述這個問題，由於筆者從小是「科學教」的信徒（筆者是理工背景出身，累積了幾十年的科學思考與推理經驗，是物理大師「愛因斯坦」的粉絲），因此筆者一開始遍讀坊間的投資理財專書，想要從科學途徑中尋求答案。

　　但是不知道是這些揭露出來的投資理財密技不靈光；或者是這些投資理財專家真正的密技不外傳，還是……，我只發現很多人讀了這些投資理財專書之後，並沒有因此就投資路上一路順遂，買什麼賺什麼。

　　後來我想起了我的偶像——「愛因斯坦」，據說「愛因斯

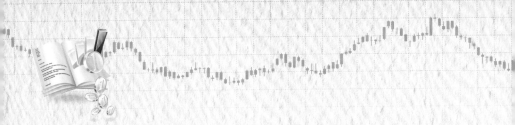

坦」在研究某個科學理論時，也曾經被一種不可思議的現象所困惑。於是，我也來驗證一下所謂的「玄學力量」吧！

我翻看了一些有關投資理財的「玄學書籍」（也就是大家通稱的「算命書籍」），想要一窺「玄學之力」是否真的那麼神奇。老實說！這些「算命書籍」真的很不好啃，沒有一點文學造詣以及邏輯推理能力，還真是難以吸收消化。為了避免散彈打鳥，分散了我的火力，我採用集中火力法，先選定「紫微斗數」這門「算命書籍」專心研讀。

皇天不負苦心人，憑藉著自己學生時期辛苦打下的文學基礎（在這兒，我要深深感謝我國中導師，幫助我在國中時就奠定了良好的文學基礎），再加上累積幾十年的邏輯思考與推理經驗，讓我可以比一般人更輕易地，啃下一本又一本與投資理財相關的紫微斗數書籍。

筆者在經過消化理解、融會貫通、實際科學統計驗證（哈！也就是幫人算命啦！）後，發現這門「紫微斗數」學問，驗證在實際投資理財上，真的是準確度極高。

在期望投資致富這條路上，有很多人包括自己身邊的親友，因為不懂得推斷投資理財運勢，因而在投資理財上非但沒有賺到錢還賠了很多錢，甚至因此被極少數假藉算命之名，實際上卻行詐財之實的不肖人士所欺騙。因此筆者特地將本人融會貫通的心得，寫成《投資運勢速推法》這本書，幫助讀者們

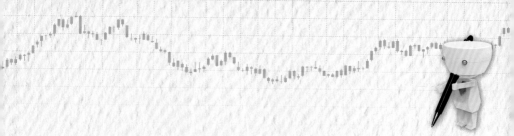

可以自己學會推算投資理財運勢，避免前述問題產生，並進而趨吉避凶，在投資理財的路途上可以多賺一點錢。

　　本書內容將教你如何根據自己的出生時間，找出自己正確的「紫微斗數」命盤，看清楚自己的一生理財運勢起伏，才能未雨綢繆，提早因應，趨吉避凶，讓自己多賺一點錢，少賠一些錢，順運而賺，讓自己輕鬆致富。

　　至於本書主要特色在於提供一種內容簡單易懂、推算快速且準確度高的「投資運勢速推法」。而本書與目前坊間那些講述投資理財運勢的「紫微斗數」相關書籍最大不同處在於：

❶ 目前坊間這些「紫微斗數書籍」，幾乎每一本都寫得有點難懂，而且有一些密技都揭露得不太清楚。而本書的推算方法則是相當簡單易懂。

❷ 目前坊間這些「紫微斗數書籍」，都是讀者必須先學會書中介紹的繁雜基本功之後，才有辦法進一步學會推斷投資理財運勢，這在講究速食主義的現代社會，更是讓很多人因而拒此門學問於千里之外。而本書的推算方法則是可以非常快速地推斷出投資理財運勢（一生理財運勢可以幾分鐘就推斷出來）。

❸ 目前坊間這些「紫微斗數書籍」，都是需要讀者背誦很多東西之後，才有辦法推斷理財運勢。而本書的推算方法則是讀者不用背誦太多東西，即可以一邊拿著本書、一邊推算自己的理財運勢。

　　因此，本書與目前坊間有關投資理財運勢推斷的「紫微斗

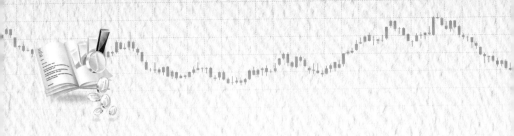

數書籍」相比較，最大的優點在於：

★ 推算方法簡單易懂。

★ 理財運勢可以很快速就推斷出來。

★ 不用背誦太多東西，即可以一邊拿著本書、一邊算出自己的理財運。

　　心動了嗎？若是您還不太放心，您可以現在拿著您的命盤（命盤必須是正確的喔！），按照接下來的「速查小幫手」這一個單元的快速推算流程，並搭配第二章的說明，一個步驟接一個步驟演練看看，相信花不了多少的時間，您就可以推斷總結出自己一生的投資理財運勢。而只要您肯再多花個幾分鐘的時間，就可以推斷出您某個十年總結的投資理財運勢。而且除了本書中所述的某些特殊情形之外，您推斷出來的一生或某個十年總結的投資理財運勢，準確度可是相當驚人喔！

　　本書是筆者累積許多年的心得、及經驗所撰寫而成。若您有興趣，歡迎閱讀本書，倘若您有任何問題，也歡迎與筆者聯繫。當然，也希望您能尊重筆者的「智慧財產權」，畢竟「創作」可以更豐富人類的生活，然而「創作」本身是需要鼓勵的。

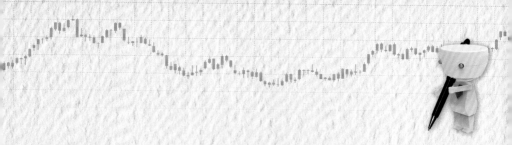

關於作者

邱士林

學歷：清華大學電機研究所碩士
經歷：股票上市公司經理人
服務項目：紫微斗數論命與教學

命理聊聊研究室

電子信箱：fatechat.tw@gmail.com
Line ID：fatechat
Wechat ID：fatechat
臉書：www.facebook.com/fatechat
手機：0988895947　886-988895947

　　讀者若有任何問題，歡迎留言，筆者將儘速回覆，謝謝！

　　由於筆者家族是「慈濟基金會」的長期捐款會員，因此本書販售所得之版稅收入，將會捐出百分之二十給「慈濟基金會」，讓讀者們在買書之餘，也可以將您的書款轉化成一點點助人的動力！

目 錄

Contents

一生投資理財運勢
快速推算流程

Money Luck

財運   一生   十年   某年   某月   某日

1 一生投資運勢快速推算流程

快速得到「紫微斗數」命盤（用軟體快速排盤）

⟶ 範例：某男歌手之紫微命盤

天祿破天 府存碎壽 得　廟 博士 病符　22-31　　絕 亡神　**福德宮**　丁巳	天太擎恩 同陰羊光 陷平陷 　　權 力士 歲建　32-41　　胎 將星　**田宅宮**　戊午	武貪天天 曲狼鉞空 廟廟旺 　　祿 青龍 晦氣　42-51　　養 攀鞍　**官祿宮**　己未	太巨天天解孤天天 陽門馬刑神辰貴傷 得廟旺 小耗 喪門　52-61　　長生 歲驛　**僕役宮**　庚申
陀陰台鳳寡八 羅煞輔閣宿座 廟 官符 吊客　12-21　　墓 月煞　**父母宮**　丙辰	命四化 [戊貪陰弼機]		天地紅天 相劫鸞才 陷平 將軍 貫索　62-71　　沐浴 息神　**遷移宮**　辛酉
廉破左天天天 貞軍輔官福喜 平陷 伏兵 天德　02-11　　死 咸池　**命宮**　乙卯	命宮在卯 身宮在亥 陽曆：1979年01月18日戌時生 陰曆：戊午 年12月20日戌時生		天天龍三天 機梁池台使 平廟 忌 奏書 官符　72-81　　冠帶 華蓋　**疾厄宮**　壬戌
文天蜚 曲月廉 平 大耗 白虎　　　　　病 指背　**兄弟宮**　甲寅	天鈴地 魁星空 旺得陷 病符 龍德　　　　　衰 天煞　**夫妻宮**　乙丑	文天封天天截旬 昌姚誥哭虛空空 得 喜神 大耗　　　　　帝旺 災煞　**子女宮**　甲子	紫七右火天 微殺弼星巫 旺平平 　　科 飛廉 小耗　82-91　　臨官 劫煞　**財帛宮**　癸亥

STEP 02　進行命盤精簡作業（精簡後的命盤只保留32顆星星及一些基本資料，如紅色字體所示）

⯈⯈⯈ 範例：某男歌手之紫微命盤

天祿破天 府存碎壽 得　　廟 博士 病符　22-31　絕 亡神　**福德宮**　丁巳	天太擎恩 同陰羊光 陷平陷 　　權 力士 歲建　32-41　胎 將星　**田宅宮**　戊午	武貪天天 曲狼鉞空 廟廟旺 　　祿 青龍 晦氣　42-51　養 攀鞍　**官祿宮**　己未	太巨天天解孤天天 陽門馬刑神辰貴傷 得廟旺 小耗 喪門　52-61　長生 歲驛　**僕役宮**　庚申
陀陰台鳳寡八 羅煞輔閣宿座 廟 官符 吊客　12-21　墓 月煞　**父母宮**　丙辰	**命四化 [戊貪陰弼機]** 命宮在卯 身宮在亥		天地紅天 相劫鸞才 陷平 將軍 貫索　62-71　沐浴 息神　**遷移宮**　辛酉
廉破左天天天 貞軍輔官福喜 平陷 伏兵 天德　02-11　死 咸池　**命宮**　乙卯	**陽曆：1979年01月18日戊時生 陰曆：戊午 年12月20日戊時生**		天天龍三天 機梁池台使 平廟 忌 奏書 官符　72-81　冠帶 華蓋　**疾厄宮**　壬戌
文天蜚 曲月廉 平 大耗 白虎　　　病 指背　**兄弟宮**　甲寅	天鈴地 魁星空 旺得陷 病符 龍德　　　衰 天煞　**夫妻宮**　乙丑	文天封天天截旬 昌姚誥哭虛空空 得 喜神 大耗　　　帝旺 災煞　**子女宮**　甲子	紫七右火天 微殺弼星巫 旺平平 　　科 飛廉 小耗　82-91　臨官 劫煞　**財帛宮**　癸亥

⟹ 範例：某男歌手之精簡紫微命盤

天祿 府存 得廟 22-31 福德宮　丁巳	天太擎 同陰羊 陷平陷 　權 32-41 田宅宮　戊午	武貪天 曲狼鉞 廟廟旺 　祿 42-51 官祿宮　己未	太巨天 陽門馬 得廟旺 52-61 僕役宮　庚申
陀 羅 廟 12-21 父母宮　丙辰	命四化〔戊貪陰弼機〕 　　命宮在卯 　　身宮在亥		天地 相劫 陷平 62-71 遷移宮　辛酉
廉破左 貞軍輔 平陷 02-11 命宮　乙卯	陽曆：1979年01月18日戌時生 陰曆：戊午年12月20日戌時生		天天 機梁 平廟 忌 72-81 疾厄宮　壬戌
文 曲 平 兄弟宮　甲寅	天鈴地 魁星空 旺得陷 夫妻宮　乙丑	文 昌 得 子女宮　甲子	紫七右火 微殺弼星 旺平平 　　　科 82-91 財帛宮　癸亥

STEP 04 找出命盤中，財帛宮三方四正裡的財星、益星、惡星（命盤中分別以紅色、綠色、藍色字體，表示找出來的財星、益星、惡星。）

⇛ 範例：某男歌手之精簡紫微命盤

天祿 府存 得廟 22-31 福德宮 丁巳	天太擎 同陰羊 陷平陷 權 32-41 田宅宮 戊午	武貪天 曲狼鉞 廟廟旺 祿 42-51 官祿宮 己未	太巨天 陽門馬 得廟旺 52-61 僕役宮 庚申
陀 羅 廟 12-21 父母宮 丙辰	命四化〔戊貪陰弼機〕 命宮在卯 身宮在亥		天地 相劫 陷平 62-71 遷移宮 辛酉
廉破左 貞軍輔 平陷 02-11 命宮 乙卯	陽曆：1979年01月18日戌時生 陰曆：戊午年12月20日戌時生		天天 機梁 平廟 忌 72-81 疾厄宮 壬戌
文 曲 平 兄弟宮 甲寅	天鈴地 魁星空 旺得陷 夫妻宮 乙丑	文 昌 得 子女宮 甲子	紫七右火 微殺弼星 旺平平 科 82-91 財帛宮 癸亥

STEP 05 根據影響一生動產投資運勢的五個重要因素，快速分析一生動產投資運勢。

影響一生動產投資運勢的因素	
第一重要因素	財帛宮三方四正是否組合成可能致富格局
第二重要因素	財帛宮的星星吉凶如何
第三重要因素	福德宮的星星吉凶如何
第四重要因素	命宮的星星吉凶如何
第五重要因素	官祿宮的星星吉凶如何

福德宮	田宅宮	官祿宮	僕役宮
父母宮			遷移宮
命宮			疾厄宮
兄弟宮	夫妻宮	子女宮	財帛宮

財帛宮三方四正

找出命盤中，田宅宮三方四正裡的財星、益星、惡星（命盤中分別以紅色、綠色、藍色字體，表示找出來的財星、益星、惡星。）

➡ 範例：某男歌手之精簡紫微命盤

天祿 府存 得廟 22-31 福德宮 丁巳	天太擎 同陰羊 陷平陷 　　權 32-41 田宅宮 戊午	武貪天 曲狼鉞 廟廟旺 　祿 42-51 官祿宮 己未	太巨天 陽門馬 得廟旺 52-61 僕役宮 庚申
陀 羅 廟 12-21 父母宮 丙辰	**命四化〔戊貪陰弼機〕** **命宮在卯** **身宮在亥**		天地 相劫 陷平 62-71 遷移宮 辛酉
廉破左 貞軍輔 平陷 02-11 命宮 乙卯	**陽曆：1979年01月18日戌時生** **陰曆：戊午年12月20日戌時生**		天天 機梁 平廟 忌 72-81 疾厄宮 壬戌
文 曲 平 兄弟宮 甲寅	天鈴地 魁星空 旺得陷 夫妻宮 乙丑	文 昌 得 子女宮 甲子	紫七右火 微殺弼星 旺平平 　　科 82-91 財帛宮 癸亥

STEP 07 根據影響一生不動產投資運勢的五個因素，快速分析一生不動產投資運勢。

影響一生不動產投資運勢的因素	
第一因素	田宅宮三方四正是否組合成可能致富格局
第二因素	田宅宮的星星吉凶如何
第三因素	子女宮的星星吉凶如何
第四因素	兄弟宮的星星亮度如何
第五因素	疾厄宮的星星吉凶如何

福德宮	田宅宮	官祿宮	僕役宮
父母宮			遷移宮
命宮			疾厄宮
兄弟宮	夫妻宮	子女宮	財帛宮

田宅宮三方四正

② 十年投資運勢快速推算流程

STEP 01 得到精簡紫微斗數命盤

➡ 範例：某男歌手之精簡紫微命盤

天祿府存 得廟 22-31 福德宮 丁巳	天太擎同陰羊 陷平陷 權 32-41 田宅宮 戊午	武貪天曲狼鉞 廟廟旺 祿 42-51 官祿宮 己未	太巨天陽門馬 得廟旺 52-61 僕役宮 庚申
陀羅廟 12-21 父母宮 丙辰	命四化〔戊貪陰弼機〕 命宮在卯 身宮在亥		天地相劫 陷平 62-71 遷移宮 辛酉
廉破左貞軍輔 平陷 02-11 命宮 乙卯	陽曆：1979年01月18日戌時生 陰曆：戊午年12月20日戌時生		天天機梁平廟 忌 72-81 疾厄宮 壬戌
文曲平 兄弟宮 甲寅	天鈴地魁星空旺得陷 夫妻宮 乙丑	文昌得 子女宮 甲子	紫七右火微殺弼星旺平平 科 82-91 財帛宮 癸亥

決定想要推算哪個十年大限（例如：想要推算22～31歲這個丁巳大限）

⟩⟩ 範例：某男歌手之精簡紫微命盤

天祿府存 得廟 22-31 福德宮 丁巳	天太擊 同陰羊 陷平陷 權 32-41 田宅宮 戊午	武貪天 曲狼鉞 廟廟旺 祿 42-51 官祿宮 己未	太巨天 陽門馬 得廟旺 52-61 僕役宮 庚申
陀羅廟 12-21 父母宮 丙辰	命四化〔戊貪陰弼機〕 陽曆：1979年01月18日戊時生 陰曆：戊午年12月20日戊時生	命宮在卯 身宮在亥	天地相劫 陷平 62-71 遷移宮 辛酉
廉破左 貞軍輔 平陷 02-11 命宮 乙卯			天天機梁 平廟 忌 72-81 疾厄宮 壬戌
文曲平 兄弟宮 甲寅	天鈴地 魁星空 旺得陷 夫妻宮 乙丑	文昌得 子女宮 甲子	紫七右火 微殺弼星 旺平平 科 82-91 財帛宮 癸亥

找出大限命宮所在位置（原命盤這個十年大限所在宮格即為大限命宮所在位置）

⇛ 範例：找出某歌手22～31歲大限命宮

天祿 府存 得廟 22-31 **大限命宮**	天太擎 同陰羊 陷平陷 權	武貪天 曲狼鉞 廟廟旺 祿	太巨天 陽門馬 得廟旺
陀 羅 廟	命四化〔戊貪陰弼機〕 丁巳大限四化〔丁陰同機巨〕 　　　　　　　命宮在卯 　　　　　　　身宮在亥		天地 相劫 陷平
廉破左 貞軍輔 平陷	陽曆：1979年01月18日戊時生 陰曆：戊午年12月20日戊時生		天天 機梁 平廟 忌
文 曲 平	天鈴地 魁星空 旺得陷	文 昌 得	紫七右火 微殺弼星 旺平　平 　　科

STEP 04 找出大限其他宮所在位置（以大限命宮為基準，順時針排出大限父母宮等11個宮）

➡ 範例：找出22～31歲的大限各宮

天祿 府存 得廟 22-31 **大限命宮**	天太擎 同陰羊 陷平陷 權 **大限父母宮**	武貪天 曲狼鉞 廟廟旺 祿 **大限福德宮**	太巨天 陽門馬 得廟旺 **大限田宅宮**
陀 羅 廟 **大限兄弟宮**	命四化〔戊貪陰弼機〕 丁巳大限四化〔丁陰同機巨〕 　　　　命宮在卯 　　　　身宮在亥		天地 相劫 陷平 **大限官祿宮**
廉破左 貞軍輔 平陷 **大限夫妻宮**	陽曆：1979年01月18日戌時生 陰曆：戊午年12月20日戌時生		天天 機梁 平廟 忌 **大限僕役宮**
文 曲 平 **大限子女宮**	天鈴地 魁星空 旺得陷 **大限財帛宮**	文 昌 得 **大限疾厄宮**	紫七右火 微殺弼星 旺平　平 　　　科 **大限遷移宮**

STEP 05　找出大限四化星的位置（為了區隔，將原命盤的四化星改成本祿、本權、本科、本忌）。

⇒ 範例：找出22～31歲的大限四化星

天府 祿存 得廟 22-31 **大限命宮**	天同 太陰 擎羊 陷平陷 限權 本權 限祿 **大限父母宮**	武曲 貪狼 天鉞 廟廟旺 本祿 **大限福德宮**	太陽 巨門 天馬 得廟旺 限忌 **大限田宅宮**
陀羅 廟 **大限兄弟宮**	命四化〔戊貪陰弼機〕 丁巳大限四化〔丁陰同機巨〕 命宮在卯 身宮在亥		天相 地劫 陷平 **大限官祿宮**
廉貞 破軍 左輔 平陷 **大限夫妻宮**	陽曆：1979年01月18日戌時生 陰曆：戊午年12月20日戌時生		天機 天梁 平廟 本忌 限科 **大限僕役宮**
文曲 平 **大限子女宮**	天魁 鈴星 地空 旺得陷 **大限財帛宮**	文昌 得 **大限疾厄宮**	紫微 七殺 右弼 火星 旺平 平 本科 **大限遷移宮**

⟹ 範例：某男歌手22～31歲大限命盤

天祿 府存 得廟 22-31 大限命宮	天太擎 同陰羊 陷平陷 限本 權權 限 祿 大限父母宮	武貪天 曲狼鉞 廟廟旺 本 祿 大限福德宮	太巨天 陽門馬 得廟旺 限 忌 大限田宅宮
陀 羅 廟 大限兄弟宮	命四化〔戊貪陰弼機〕 丁巳大限四化〔丁陰同機巨〕 命宮在卯 身宮在亥		天地 相劫 陷平 大限官祿宮
廉破左 貞軍輔 平陷 大限夫妻宮	陽曆：1979年01月18日戌時生 陰曆：戊午年12月20日戌時生		天天 機梁 平廟 本 忌 限 科 大限僕役宮
文 曲 平 大限子女宮	天鈴地 魁星空 旺得陷 大限財帛宮	文 昌 得 大限疾厄宮	紫七右火 微殺弼星 旺平平平 本 科 大限遷移宮

找出大限命盤中，大限財帛宮三方四正裡的財星、益星、惡星（命盤中分別以紅色、綠色、藍色字體，表示找出來的財星、益星、惡星。）

➡ **範例：某男歌手22～31歲大限命盤**

天祿 府存 得廟 22-31 **大限命宮**	天太擎 同陰羊 陷平陷 限本 權權 限 祿 **大限父母宮**	武貪天 曲狼鉞 廟廟旺 本 祿 **大限福德宮**	太巨天 陽門馬 得廟旺 限 忌 **大限田宅宮**
陀 羅 廟 **大限兄弟宮**	**命四化〔戊貪陰弼機〕** **丁巳大限四化〔丁陰同機巨〕** 命宮在卯 身宮在亥		天地 相劫 陷平 **大限官祿宮**
廉破左 貞軍輔 平陷 **大限夫妻宮**	**陽曆：1979年01月18日戊時生** **陰曆：戊午年12月20日戊時生**		天天 機梁 平廟 本 忌 限 科 **大限僕役宮**
文 曲 平 **大限子女宮**	天鈴地 魁星空 旺得陷 **大限財帛宮**	文 昌 得 **大限疾厄宮**	紫七右火 微殺弼星 旺平平 本 科 **大限遷移宮**

STEP 08 根據影響大限動產投資運勢的五個重要因素，快速分析十年大限動產投資運勢。

影響大限動產投資運勢的因素	
第一重要因素	大限財帛宮三方四正是否組合成可能致富格局
第二重要因素	大限財帛宮的星星吉凶如何
第三重要因素	大限福德宮的星星吉凶如何
第四重要因素	大限命宮的星星吉凶如何
第五重要因素	大限官祿宮的星星吉凶如何

大限福德宮	大限田宅宮	大限官祿宮	大限僕役宮
大限父母宮			大限遷移宮
大限命宮			大限疾厄宮
大限兄弟宮	大限夫妻宮	大限子女宮	大限財帛宮

大限財帛宮三方四正

找出大限命盤中，大限田宅宮三方四正裡的財星、益星、惡星（命盤中分別以紅色、綠色、藍色字體，表示找出來的財星、益星、惡星。）

⇒ **範例：某男歌手22～31歲大限命盤**

天祿 府存 得廟 22-31 **大限命宮**	天太擎 同陰羊 陷平陷 限本 權權 限 祿 **大限父母宮**	武貪天 曲狼鉞 廟廟旺 本 祿 **大限福德宮**	太巨天 陽門馬 得廟旺 限 忌 **大限田宅宮**
陀 羅 廟 **大限兄弟宮**	命四化〔戊貪陰弼機〕 丁巳大限四化〔丁陰同機巨〕 命宮在卯 身宮在亥		天地 相劫 陷平 **大限官祿宮**
廉破左 貞軍輔 平陷 **大限夫妻宮**	陽曆：1979年01月18日戊時生 陰曆：戊午年12月20日戊時生		天天 機梁 平廟 本 忌 限 科 **大限僕役宮**
文 曲 平 **大限子女宮**	天鈴地 魁星空 旺得陷 **大限財帛宮**	文 昌 得 **大限疾厄宮**	紫七右火 微殺弼星 旺平平平 本 科 **大限遷移宮**

STEP 10 根據影響大限不動產投資運勢的五個重要因素，快速分析十年大限不動產投資運勢。

影響大限不動產投資運勢的因素	
第一因素	大限田宅宮三方四正是否組合成可能致富格局
第二因素	大限田宅宮的星星亮度如何
第三因素	大限子女宮的星星亮度如何
第四因素	大限兄弟宮的星星亮度如何
第五因素	大限疾厄宮的星星吉凶如何

大限福德宮	**大限田宅宮**	大限官祿宮	大限僕役宮
大限父母宮			大限遷移宮
大限命宮			**大限疾厄宮**
大限兄弟宮	大限夫妻宮	**大限子女宮**	大限財帛宮

大限田宅宮三方四正

3 某年投資運勢快速推算流程

STEP 01 決定想要推算哪個流年

例如：想要推算陰曆90年這個流年。

STEP 02 利用農民曆，找出此流年的天干與地支資訊

例如：陰曆90年是「辛巳年」。

STEP 03 利用流年天干與地支資訊，找出流年命宮所在位置以及流年四化星

例如：由陰曆「辛巳年」的地支資訊～「巳」，可以知道流年命宮在巳宮；而由陰曆「辛巳年」的天干資訊——「辛」，可以知道流年四化星分別使得巨門化祿、太陽化權、文曲化科、文昌化忌。

STEP 04　找出包含此流年的大限精簡命盤（例如陰曆90年，此男歌手24歲，隸屬22～31歲大限）

⇛ 範例：某男歌手22～31歲大限命盤

天祿 府存 得廟 22-31 **大限命宮**	天太擎 同陰羊 陷平陷 限本 權權 限 祿 **大限父母宮**	武貪天 曲狼鉞 廟廟旺 本 祿 **大限福德宮**	太巨天 陽門馬 得廟旺 限 忌 **大限田宅宮**
陀 羅 廟 **大限兄弟宮**	命四化〔戊貪陰弼機〕 丁巳大限四化〔丁陰同機巨〕 命宮在卯 身宮在亥		天地 相劫 陷平 **大限官祿宮**
廉破左 貞軍輔 平陷 **大限夫妻宮**	陽曆：1979年01月18日戌時生 陰曆：戊午年12月20日戌時生		天天 機梁 平廟 本 忌 限 科 **大限僕役宮**
文 曲 平 **大限子女宮**	天鈴地 魁星空 旺得陷 **大限財帛宮**	文 昌 得 **大限疾厄宮**	紫七右火 微殺弼星 旺平平平 本 科 **大限遷移宮**

找出流年12宮的所在位置（例如陰曆「辛巳年」這個流年，流年命宮在巳宮，而其他流年各宮依照順時針規則，依序排列）

⇛ 範例：找出流年12宮的所在位置

天祿 府存 得廟 24 **流年命宮**	天太擎 同陰羊 陷平陷 限本 權權 限 祿 **流年父母宮**	武貪天 曲狼鉞 廟廟旺 本 祿 **流年福德宮**	太巨天 陽門馬 得廟旺 限 忌 **流年田宅宮**
陀 羅 廟 **流年兄弟宮**	命四化〔戊貪陰弼機〕 丁巳大限四化〔丁陰同機巨〕 辛巳流年四化〔辛巨陽曲昌〕 命宮在卯 身宮在亥		天地 相劫 陷平 **流年官祿宮**
廉破左 貞軍輔 平陷 **流年夫妻宮**	陽曆：1979年01月18日戌時生 陰曆：戊午年12月20日戌時生		天天 機梁 平廟 本 忌 限 科 **流年僕役宮**
文 曲 平 **流年子女宮**	天鈴地 魁星空 旺得陷 **流年財帛宮**	文 昌 得 **流年疾厄宮**	紫七右火 微殺弼星 旺平平 本 科 **流年遷移宮**

STEP 06 找出流年四化星的所在位置（例如陰曆「辛巳年」這個流年，流年四化星分別使得巨門化祿、太陽化權、文曲化科、文昌化忌）

➡ 範例：找出流年四化星的所在位置

天祿 府存 得廟 24 流年命宮	天太擎 同陰羊 陷平陷 限本 權權 　限 　祿 流年父母宮	武貪天 曲狼鉞 廟廟旺 本 祿 流年福德宮	太巨天 陽門馬 得廟旺 年限 權忌 　年 　祿 流年田宅宮
陀 羅 廟 流年兄弟宮	命四化〔戊貪陰弼機〕 丁巳大限四化〔丁陰同機巨〕 辛巳流年四化〔辛巨陽曲昌〕 　　　　　命宮在卯 　　　　　身宮在亥		天地 相劫 陷平 流年官祿宮
廉破左 貞軍輔 平陷 流年夫妻宮	陽曆：1979年01月18日戌時生 陰曆：戊午年12月20日戌時生		天天 機梁 平廟 本 忌 限 科 流年僕役宮
文 曲 平 年 科 流年子女宮	天鈴地 魁星空 旺得陷 流年財帛宮	文 昌 得 年 忌 流年疾厄宮	紫七右火 微殺弼星 旺平平平 本 科 流年遷移宮

STEP 07　得到某個流年的精簡流年紫微命盤

⇛ 範例：某男歌手24歲流年紫微命盤

天府得 祿存廟 24 **流年命宮**	天同陷 太陰平 擎羊陷 限本權 權 限 祿 **流年父母宮**	武曲廟 貪狼廟 天鉞旺 本 祿 **流年福德宮**	太陽得 巨門廟 天馬旺 年限權 忌 年 祿 **流年田宅宮**
陀羅廟 **流年兄弟宮**	命四化〔戊貪陰弼機〕 丁巳大限四化〔丁陰同機巨〕 辛巳流年四化〔辛巨陽曲昌〕 命宮在卯 身宮在亥		天相陷 地劫平 **流年官祿宮**
廉貞平 破軍陷 左輔 **流年夫妻宮**	陽曆：1979年01月18日戌時生 陰曆：戊午年12月20日戌時生		天機平 天梁廟 本忌限科 **流年僕役宮**
文曲平 年科 **流年子女宮**	天魁旺 鈴星得 地空陷 **流年財帛宮**	文昌得 年忌 **流年疾厄宮**	紫微旺 七殺平 右弼平 火星平 本科 **流年遷移宮**

STEP 08 找出流年命盤中，流年財帛宮三方四正裡的財星、
益星、惡星（命盤中分別以紅色、綠色、藍色字體，表示找出
來的財星、益星、惡星。）

⯈ 範例：某男歌手24歲流年紫微命盤

天祿 府存 得廟 24 流年命宮	天太擎 同陰羊 陷平陷 限本 權權 限 祿 流年父母宮	武貪天 曲狼鉞 廟廟旺 本 祿 流年福德宮	太巨天 陽門馬 得廟旺 年限 權忌 年 祿 流年田宅宮
陀 羅 廟 流年兄弟宮	命四化〔戊貪陰弼機〕 丁巳大限四化〔丁陰同機巨〕 辛巳流年四化〔辛巨陽曲昌〕 命宮在卯 身宮在亥		天地 相劫 陷平 流年官祿宮
廉破左 貞軍輔 平陷 流年夫妻宮	陽曆：1979年01月18日戌時生 陰曆：戊午年12月20日戌時生		天天 機梁 平廟 本 忌 限 科 流年僕役宮
文 曲 平 年 科 流年子女宮	天鈴地 魁星空 旺得陷 流年財帛宮	文 昌 得 年 忌 流年疾厄宮	紫七右火 微殺弼星 旺平平 本 科 流年遷移宮

STEP 09 根據影響流年動產投資運勢的五個重要因素，快速
分析某個流年動產投資運勢。

影響流年動產投資運勢的因素	
第一重要因素	流年財帛宮三方四正是否組合成可能致富格局
第二重要因素	流年財帛宮的星星吉凶如何
第三重要因素	流年福德宮的星星吉凶如何
第四重要因素	流年命宮的星星吉凶如何
第五重要因素	流年官祿宮的星星吉凶如何

流年福德宮	流年田宅宮	流年官祿宮	流年僕役宮
流年父母宮			流年遷移宮
流年命宮			流年疾厄宮
流年兄弟宮	流年夫妻宮	流年子女宮	流年財帛宮

流年財帛宮三方四正

STEP 10　找出流年命盤中，流年田宅宮三方四正裡的財星、益星、惡星（命盤中分別以紅色、綠色、藍色字體，表示找出來的財星、益星、惡星。）

➠ 範例：某男歌手24歲流年紫微命盤

天祿 府存 得廟 24 **流年命宮**	天太擎 同陰羊 陷平陷 限本 權權 限 祿　**流年父母宮**	武貪天 曲狼鉞 廟廟旺 本 祿 **流年福德宮**	太巨天 陽門馬 得廟旺 年限 權忌 年 祿　**流年田宅宮**
陀羅 廟 **流年兄弟宮**	命四化〔戊貪陰弼機〕 丁巳大限四化〔丁陰同機巨〕 辛巳流年四化〔辛巨陽曲昌〕 　　　　命宮在卯 　　　　身宮在亥		天地 相劫 陷平 **流年官祿宮**
廉破左 貞軍輔 平陷 **流年夫妻宮**	陽曆：1979年01月18日戌時生 陰曆：戊午年12月20日戌時生		天天 機梁 平廟 本 忌 限 科　**流年僕役宮**
文曲 平年 科 **流年子女宮**	天鈴地 魁星空 旺得陷 **流年財帛宮**	文昌 得 年 忌 **流年疾厄宮**	紫七右火 微殺弼星 旺平平 本 科 **流年遷移宮**

STEP 11 根據影響流年不動產投資運勢的五個重要因素，快速分析某個流年不動產投資運勢。

影響流年不動產投資運勢的因素	
第一因素	流年田宅宮三方四正是否組合成可能致富格局
第二因素	流年田宅宮的星星吉凶如何
第三因素	流年子女宮的星星吉凶如何
第四因素	流年兄弟宮的星星吉凶如何
第五因素	流年疾厄宮的星星吉凶如何

流年福德宮	流年田宅宮	流年官祿宮	流年僕役宮
流年父母宮			流年遷移宮
流年命宮			流年疾厄宮
流年兄弟宮	流年夫妻宮	流年子女宮	流年財帛宮

流年田宅宮三方四正

4 某月投資運勢快速推算流程

 STEP 01
決定想推算哪個流月（例如：想算陰曆90年3月），並找出此流月所隸屬的流年之流年精簡命盤（例如陰曆90年3月隸屬24歲流年。）

⇨ 範例：某男歌手24歲流年精簡命盤

天祿 府存 得廟 24 **流年命宮**	天太擎 同陰羊 陷平陷 限本 權權 限 **流年父母宮** 祿	武貪天 曲狼鉞 廟廟旺 本 祿 **流年福德宮**	太巨天 陽門馬 得廟旺 年限 權忌 年 祿 **流年田宅宮**
陀 羅 廟 **流年兄弟宮**	命四化〔戊貪陰弼機〕 丁巳大限四化〔丁陰同機巨〕 辛巳流年四化〔辛巨陽曲昌〕 　　　　　命宮在卯 　　　　　身宮在亥		天地 相劫 陷平 **流年官祿宮**
廉破左 貞軍輔 平陷 陽曆：1979年01月18日戊時生 陰曆：戊午年12月20日戊時生 **流年夫妻宮**			天天 機梁 平廟 本 忌 限 科 **流年僕役宮**
文 曲 平年 科 **流年子女宮**	天鈴地 魁星空 旺得陷 **流年財帛宮**	文 昌 得年 忌 **流年疾厄宮**	紫七右火 微殺弼星 旺平平 　　本 　　科 **流年遷移宮**

STEP 02 依照流年命宮所在位置以及命盤主人的出生時間，
找出此流年一月的流月命宮所在位置

　　例如，命盤主人出生在陰曆12月戌時，而陰曆90年的流年
命宮在「巳宮」，請先從「巳宮」開始數起，逆時針數12格（因
為命盤主人出生在陰曆12月），如此一來會數到「午宮」這個宮
格，接著從「午宮」這個宮格開始數起，依照子、丑、寅、卯、
辰、巳、午、未、申、酉、戌、亥的順序，順時針數到「戌」這
個序位（因為命盤主人出生在「戌時」），如此一來會數到「辰
宮」這個宮格，因此「辰宮」這個宮格就是此命盤主人在陰曆90
年1月的流月命宮所在位置。

天祿 府存 得廟 24 **流年命宮** 巳宮	天太擎 同陰羊 陷平陷 限本 權權 限 祿　　　　午宮	武貪天 曲狼鉞 廟廟旺 本 祿　　　　未宮	太巨天 陽門馬 得廟旺 年限 權忌 年 祿　　　　申宮
陀 羅 廟 辛巳年一月 **流月命宮** 辰宮	命四化〔戊貪陰弼機〕 丁巳大限四化〔丁陰同機巨〕 辛巳流年四化〔辛巨陽曲昌〕 　　　　　　　命宮在卯 　　　　　　　身宮在亥		天地 相劫 陷平 酉宮
廉破左 貞軍輔 平陷 卯宮	陽曆：1979年01月18日戌時生 陰曆：戊午年12月20日戌時生		天天 機梁 平廟 本 忌 限 科　　　　戌宮
文 曲 平 年 科 寅宮	天鈴地 魁星空 旺得陷 丑宮	文 昌 得 年 忌 子宮	紫七右火 微殺弼星 旺平平 本 科 亥宮

STEP 03　找出此流年3月的流月命宮所在位置（以流年1月的流月命宮為基準，順時針數兩格，即為此流年3月的流月命宮所在位置）

⟩⟩⟩ **範例：找出此流年3月的流月命宮所在位置**

天祿 府存 得廟 24 流年命宮 巳宮	天太擎 同陰羊 陷平陷 限本 權權 限辛巳年三月 祿 流月命宮 午宮	武貪天 曲狼鉞 廟廟旺 本 祿 未宮	太巨天 陽門馬 得廟旺 年限 權忌 年 祿 申宮
陀 羅 廟 辛巳年一月 流月命宮 辰宮	命四化〔戊貪陰弼機〕 丁巳大限四化〔丁陰同機巨〕 辛巳流年四化〔辛巨陽曲昌〕 **命宮在卯** **身宮在亥**		天地 相劫 陷平 酉宮
廉破左 貞軍輔 平陷 卯宮	**陽曆：1979年01月18日戌時生** **陰曆：戊午年12月20日戌時生**		天天 機梁 平廟 本 忌 限 科 戌宮
文 曲 平 年 科 寅宮	天鈴地 魁星空 旺得陷 丑宮	文 昌 得 年 忌 子宮	紫七右火 微殺弼星 旺平 平 本 科 亥宮

⟫ **範例：找出流月其他宮的所在位置**

天祿 府存 得廟 **流月兄弟宮**	天太擎 同陰羊 陷平陷 限本 權權 　限　辛巳年三月 祿　　**流月命宮**	武貪天 曲狼鉞 廟廟旺 　本 　祿 **流月父母宮**	太巨天 陽門馬 得廟旺 年限 權忌 年 祿　**流月福德宮**
陀羅廟 **流月夫妻宮**	命四化〔戊貪陰弼機〕 丁巳大限四化〔丁陰同機巨〕 辛巳流年四化〔辛巨陽曲昌〕 　　　　　　命宮在卯 　　　　　　身宮在亥		天地 相劫 陷平 **流月田宅宮**
廉破左 貞軍輔 平陷 **流月子女宮**	陽曆：1979年01月18日戊時生 陰曆：戊午年12月20日戊時生		天天 機梁 平廟 本 忌 限 科　**流月官祿宮**
文曲 平年科 **流月財帛宮**	天鈴地 魁星空 旺得陷 **流月疾厄宮**	文昌 得年忌 **流月遷移宮**	紫七右火 微殺弼星 旺平平 　本 　科 **流月僕役宮**

STEP 05

利用流月天干資訊，找出流月四化星（例如陰曆90年3月是「壬辰月」，流月四化星使得天梁化祿、紫微化權、左輔化科、武曲化忌）

➠ 範例：找出流月四化星

天祿 府存 得廟 流月兄弟宮	天太擎 同陰羊 陷平陷 限本 權權 　限　　辛巳年三月 　祿　　流月命宮	武貪天 曲狼鉞 廟廟旺 月本 忌祿 流月父母宮	太巨天 陽門馬 得廟旺 年限 權忌 年 祿　流月福德宮
陀 羅 廟 流月夫妻宮	命四化〔戊貪陰弼機〕 丁巳大限四化〔丁陰同機巨〕 辛巳流年四化〔辛巨陽曲昌〕 壬辰流月四化〔壬梁紫左武〕 　　　　　　　　命宮在卯		天地劫 相劫 陷平 流月田宅宮
廉破左 貞軍輔 平陷月 　　科 流月子女宮	身宮在亥 陽曆：1979年01月18日戊時生 陰曆：戊午年12月20日戊時生		天天 機梁 平廟 本月 忌祿 限 科　流月官祿宮
文 曲 平 年 科 流月財帛宮	天鈴地 魁星空 旺得陷 流月疾厄宮	文 昌 得 年 忌 流月遷移宮	紫七右火 微殺弼星 旺平　平 月　本 權　科 流月僕役宮

⇒ 範例：某男歌手24歲陰曆3月命盤

天祿 府存 得廟 **流月兄弟宮**	天太擎 同陰羊 陷平陷 限本 權權 限　辛巳年三月 祿　**流月命宮**	武貪天 曲狼鉞 廟廟旺 月本 忌祿 **流月父母宮**	太巨天 陽門馬 得廟旺 年限 權忌 年 祿　**流月福德宮**
陀羅廟 **流月夫妻宮**	命四化〔戊貪陰弼機〕 丁巳大限四化〔丁陰同機巨〕 辛巳流年四化〔辛巨陽曲昌〕 壬辰流月四化〔壬梁紫左武〕 命宮在卯 身宮在亥		天地 相劫 陷平 **流月田宅宮**
廉破左 貞軍輔 平陷月 科 **流月子女宮**	陽曆：1979年01月18日戌時生 陰曆：戊午年12月20日戌時生		天天 機梁 平廟 本月 忌祿 限 科　**流月官祿宮**
文曲平年科 **流月財帛宮**	天鈴地 魁星空 旺得陷 **流月疾厄宮**	文昌 得年忌 **流月遷移宮**	紫七右火 微殺弼星 旺平平 月本 權科 **流月僕役宮**

找出流月命盤中，流月財帛宮三方四正裡的財星、益星、惡星（命盤中分別以紅色、綠色、藍色字體，表示找出來的財星、益星、惡星。）

➡ **範例：某男歌手24歲陰曆3月命盤**

天府 祿存 得 廟 流月兄弟宮	天同 太陰 擎羊 陷 平 陷 限 本 權 權 　 限　辛巳年三月 　 祿　流月命宮	武曲 貪狼 天鉞 廟 廟 旺 月 本 忌 祿 流月父母宮	太陽 巨門 天馬 得 廟 旺 年 限 權 忌 　 年 　 祿　流月福德宮
陀羅 廟 流月夫妻宮	命四化〔戊貪陰弼機〕 丁巳大限四化〔丁陰同機巨〕 辛巳流年四化〔辛巨陽曲昌〕 壬辰流月四化〔壬梁紫左武〕 　　　　命宮在卯		天相 地劫 陷 平 流月田宅宮
廉貞 破軍 左輔 平 陷 月 　　科 流月子女宮	身宮在亥 陽曆：1979年01月18日戊時生 陰曆：戊午年12月20日戊時生		天機 天梁 平 廟 本 月 忌 祿 限 科　　流月官祿宮
文曲 平 年 科 流月財帛宮	天魁 鈴星 地空 旺 得 陷 流月疾厄宮	文昌 得 年 忌 流月遷移宮	紫微 七殺 右弼 火星 旺 平 平 月 本 權 科 流月僕役宮

STEP 08 根據影響流月動產投資運勢的五個重要因素，快速分析某個流月動產投資運勢。

影響流月動產投資運勢的因素	
第一重要因素	流月財帛宮三方四正是否組合成可能致富格局
第二重要因素	流月財帛宮的星星吉凶如何
第三重要因素	流月福德宮的星星吉凶如何
第四重要因素	流月命宮的星星吉凶如何
第五重要因素	流月官祿宮的星星吉凶如何

流月福德宮	流月田宅宮	流月官祿宮	流月僕役宮
流月父母宮			流月遷移宮
流月命宮			流月疾厄宮
流月兄弟宮	流月夫妻宮	流月子女宮	流月財帛宮

流月財帛宮三方四正

找出流月命盤中，流月田宅宮三方四正裡的財星、益星、惡星（命盤中分別以紅色、綠色、藍色字體，表示找出來的財星、益星、惡星。）

➡ **範例：某男歌手24歲陰曆3月命盤**

天府 祿存 得廟 **流月兄弟宮**	天太擎 同陰羊 陷平陷 限本 權權 　限　辛巳年三月 　祿　**流月命宮**	武貪天 曲狼鉞 廟廟旺 月本 忌祿 **流月父母宮**	太巨天 陽門馬 得廟旺 年限 權忌 年 **流月福德宮**
陀 羅 廟 **流月夫妻宮**	命四化〔戊貪陰弼機〕 丁巳大限四化〔丁陰同機巨〕 辛巳流年四化〔辛巨陽曲昌〕 壬辰流月四化〔壬梁紫左武〕 　　　　　　命宮在卯 　　　　　　身宮在亥		天地 相劫 陷平 **流月田宅宮**
廉破左 貞軍輔 平陷月 　　科 **流月子女宮**	陽曆：1979年01月18日戌時生 　　陰曆：戊午年12月20日戌時生		天天 機梁 平廟 本月 忌祿 限 科　**流月官祿宮**
文 曲 平 年 科 **流月財帛宮**	天鈴地 魁星空 旺得陷 **流月疾厄宮**	文 昌 得 年 忌 **流月遷移宮**	紫七右火 微殺弼星 旺平平 月本 權科 **流月僕役宮**

根據影響流月不動產投資運勢的五個重要因素，快
速分析某個流月不動產投資運勢。

影響流月不動產投資運勢的因素	
第一因素	流月田宅宮三方四正是否組合成可能致富格局
第二因素	流月田宅宮的星星吉凶如何
第三因素	流月子女宮的星星吉凶如何
第四因素	流月兄弟宮的星星吉凶如何
第五因素	流月疾厄宮的星星吉凶如何

流月福德宮	流月田宅宮	流月官祿宮	流月僕役宮
流月父母宮			流月遷移宮
流月命宮			流月疾厄宮
流月兄弟宮	流月夫妻宮	流月子女宮	流月財帛宮

流月田宅宮三方四正

5 某日投資運勢快速推算流程

STEP 01
決定想推算哪個流日（例如：想算陰曆90年3月18日），並找出此流日所隸屬的流月之流月精簡命盤（例如陰曆90年3月隸屬24歲流年的3月）。

➜ 範例：某男歌手24歲陰曆3月命盤

天祿 府存 得廟 　　　　**流月兄弟宮**	天太擎 同陰羊 陷平陷 限本 權 　限　辛巳年三月 　祿　　**流月命宮**	武貪天 曲狼鉞 廟廟旺 月本 忌祿 　　　　**流月父母宮**	太巨天 陽門馬 得廟旺 年限 權忌 年 　　祿　**流月福德宮**
陀 羅 廟 　　　　**流月夫妻宮**	命四化〔戊貪陰弼機〕 丁巳大限四化〔丁陰同機巨〕 辛巳流年四化〔辛巨陽曲昌〕 壬辰流月四化〔壬梁紫左武〕 　　　　　　　命宮在卯		天地 相劫 陷平 　　　　**流月田宅宮**
廉破左 貞軍輔 平陷月 　　科 　　　　**流月子女宮**	身宮在亥 陽曆：1979年01月18日戌時生 陰曆：戊午年12月20日戌時生		天天 機梁 平廟 本月 忌祿 限 科　　**流月官祿宮**
文 曲 平 年 科 　　　　**流月財帛宮**	天鈴地 魁星空 旺得陷 　　　　**流月疾厄宮**	文 昌 得 年 忌 　　　　**流月遷移宮**	紫七右火 微殺弼星 旺平平 月本 權科 　　　　**流月僕役宮**

依照流月命宮所在位置以及要推算的流日日期，找出此流日的流日命宮所在位置

　　例如，陰曆90年3月，命盤主人的流月命宮在「午宮」，故此命盤主人在陰曆90年3月1日的流日命宮所在位置係位於「午宮」。而以「午宮」為基準，順時針數18格（因為要推算的流日是陰曆3月18日），如此一來會數到「亥宮」這個宮格，因此「亥宮」這個宮格就是此命盤主人在陰曆90年3月18日的流日命宮所在位置。

天祿 府存 得廟 巳宮	天太擎 同陰羊 陷平陷 限本 權權 限辛巳年三月 祿 〔流月命宮〕 午宮	武貪天 曲狼鉞 廟廟旺 月本 忌祿 未宮	太巨天 陽門馬 得廟旺 年限 權忌 年 祿 申宮
陀 羅 廟 辰宮	命四化〔戊貪陰弼機〕 丁巳大限四化〔丁陰同機巨〕 辛巳流年四化〔辛巨陽曲昌〕 壬辰流月四化〔壬梁紫左武〕 　　　　　　命宮在卯		天地 相劫 陷平 酉宮
廉破左 貞軍輔 平陷月 　　科 卯宮	身宮在亥 陽曆：1979年01月18日戌時生 陰曆：戊午年12月20日戌時生		天天 機梁 平廟 本月 忌祿 限 科 戌宮
文曲 平 年 科 寅宮	天鈴地 魁星空 旺得陷 丑宮	文昌 得 年 忌 子宮	紫七右火 微殺弼星 旺平平 月本 權科 辛巳年三月十八日 〔流日命宮〕 亥宮

找出流日其他宮的所在位置（例如陰曆「辛巳年」3月18日，某男歌手之流日命宮在「亥宮」，而其他流日各宮依照順時針規則，依序排列）

範例：找出某男歌手之某流日其他宮的所在位置

天祿 府存 得廟 流日遷移宮	天太擎 同陰羊 陷平陷 限本 權權 限 祿 流日疾厄宮	武貪天 曲狼鉞 廟廟旺 月本 忌祿 流日財帛宮	太巨天 陽門馬 得廟旺 年限 權忌 年 祿 流日子女宮
陀 羅 廟 流日僕役宮	命四化〔戊貪陰弼機〕 丁巳大限四化〔丁陰同機巨〕 辛巳流年四化〔辛巨陽曲昌〕 壬辰流月四化〔壬梁紫左武〕 　　　　　命宮在卯 　　　　　身宮在亥		天地 相劫 陷平 流日夫妻宮
廉破左 貞軍輔 平陷月 　　科 流日官祿宮	陽曆：1979年01月18日戌時生 陰曆：戊午年12月20日戌時生		天天 機梁 平廟 本月 忌祿 限 科 流日兄弟宮
文 曲 平年 　科 流日田宅宮	天鈴地 魁星空 旺得陷 流日福德宮	文 昌 得年 　忌 流日父母宮	紫七右火 微殺弼星 旺平平 月本 權科 辛巳年三月十八日 流日命宮 亥宮

利用流日天干資訊，找出流日四化星（例如陰曆90年3月18日是「甲辰日」，流日四化星使得廉貞化祿、破軍化權、武曲化科、太陽化忌）

➡ **範例：找出某男歌手之某流日的流日四化星**

天祿 府存 得廟 **流日遷移宮**	天太擎 同陰羊 陷平陷 限本 權權 　限 　祿 **流日疾厄宮**	武貪天 曲狼鉞 廟廟旺 月本 忌祿 日 科 **流日財帛宮**	太巨天 陽門馬 得廟旺 年限 權忌 日年 忌祿 **流日子女宮**
陀 羅 廟 **流日僕役宮**	**命四化〔戊貪陰弼機〕** **丁巳大限四化〔丁陰同機巨〕** **辛巳流年四化〔辛巨陽曲昌〕** **壬辰流月四化〔壬梁紫左武〕** 甲辰流日四化〔甲廉破武陽〕 　　　　　　　**命宮在卯** 　　　　　　　**身宮在亥**		天地 相劫 陷平 **流日夫妻宮**
廉破左 貞軍輔 平陷月 日日科 祿權 **流日官祿宮**	**陽曆：1979年01月18日戌時生** **陰曆：戊午年12月20日戌時生**		天天 機梁 平廟 本月 忌祿 限 科 **流日兄弟宮**
文 曲 平 年 科 **流日田宅宮**	天鈴地 魁星空 旺得陷 **流日福德宮**	文 昌 得 年 忌 **流日父母宮**	紫七右火 微殺弼星 旺平平月 　　本 權科 **流日命宮**

▶ 範例：某男歌手24歲陰曆3月18日命盤

天祿 府存 得廟 **流日遷移宮**	天太擎 同陰羊 陷平陷 限本 權權 　限 　　祿 **流日疾厄宮**	武貪天 曲狼鉞 廟廟旺 月本 忌祿 日 　　科 **流日財帛宮**	太巨天 陽門馬 得廟旺 年限 權忌 日年 忌祿 **流日子女宮**
陀 羅 廟 **流日僕役宮**	命四化〔戊貪陰弼機〕 丁巳大限四化〔丁陰同機巨〕 辛巳流年四化〔辛巨陽曲昌〕 壬辰流月四化〔壬梁紫左武〕 甲辰流日四化〔甲廉破武陽〕		天地 相劫 陷平 **流日夫妻宮**
廉破左 貞軍輔 平陷月 日日科 祿權 **流日官祿宮**	命宮在卯 身宮在亥 陽曆：1979年01月18日戌時生 陰曆：戊午年12月20日戌時生		天天 機梁 平廟 本月 忌祿 限 科 **流日兄弟宮**
文曲 平 年 科 **流日田宅宮**	天鈴地 魁星空 旺得陷 **流日福德宮**	文昌 得 年 忌 **流日父母宮**	紫七右火 微殺弼星 旺平平 月本 權科 **流日命宮**

找出流日命盤中，流日財帛宮三方四正裡的財星、益星、惡星（命盤中分別以紅色、綠色、藍色字體，表示找出來的財星、益星、惡星。）

⟹ **範例：某男歌手24歲陰曆3月18日命盤**

天祿 府存 得廟 流日遷移宮	天太擎 同陰羊 陷平陷 限本 權權 　限 　祿　流日疾厄宮	武貪天 曲狼鉞 廟廟旺 月本 忌祿 日 科　流日財帛宮	太巨天 陽門馬 得廟旺 年限 權忌 日年 忌祿　流日子女宮
陀 羅 廟 流日僕役宮	命四化〔戊貪陰弼機〕 丁巳大限四化〔丁陰同機巨〕 辛巳流年四化〔辛巨陽曲昌〕 壬辰流月四化〔壬梁紫左武〕 甲辰流日四化〔甲廉破武陽〕		天地 相劫 陷平 流日夫妻宮
廉破左 貞軍輔 平陷月 日日科 祿權 流日官祿宮	命宮在卯 　　　身宮在亥 陽曆：1979年01月18日戊時生 陰曆：戊午年12月20日戊時生		天天 機梁 平廟 本月 忌祿 限 科　流日兄弟宮
文 曲 平 年 科 流日田宅宮	天鈴地 魁星空 旺得陷 流日福德宮	文 昌 得 年 忌 流日父母宮	紫七右火 微殺弼星 旺平平 月本 權科 流日命宮

STEP 07 根據影響流日動產投資運勢的五個重要因素，快速分析某個流日動產投資運勢。

影響流日動產投資運勢的因素	
第一重要因素	流日財帛宮三方四正是否組合成可能致富格局
第二重要因素	流日財帛宮的星星吉凶如何
第三重要因素	流日福德宮的星星吉凶如何
第四重要因素	流日命宮的星星吉凶如何
第五重要因素	流日官祿宮的星星吉凶如何

流日福德宮	流日田宅宮	流日官祿宮	流日僕役宮
流日父母宮			流日遷移宮
流日命宮			流日疾厄宮
流日兄弟宮	流日夫妻宮	流日子女宮	流日財帛宮

流日財帛宮三方四正

找出流日命盤中，流日田宅宮三方四正裡的財星、益星、惡星（命盤中分別以紅色、綠色、藍色字體，表示找出來的財星、益星、惡星。）

➡ **範例：某男歌手24歲陰曆3月18日命盤**

天祿 府存 得廟 流日遷移宮	天太擎 同陰羊 陷平陷 限本 權權 限 祿 流日疾厄宮	武貪天 曲狼鉞 廟廟旺 月本 忌祿 日 科 流日財帛宮	太巨天 陽門馬 得廟旺 年限 權忌 日年 忌祿 流日子女宮
陀 羅 廟 流日僕役宮	命四化〔戊貪陰弼機〕 丁巳大限四化〔丁陰同機巨〕 辛巳流年四化〔辛巨陽曲昌〕 壬辰流月四化〔壬梁紫左武〕 甲辰流日四化〔甲廉破武陽〕	命宮在卯 身宮在亥	天地 相劫 陷平 流日夫妻宮
廉破左 貞軍輔 平陷月 日日科 祿權 流日官祿宮	陽曆：1979年01月18日戌時生 陰曆：戊午年12月20日戌時生		天天 機梁 平廟 本月 忌祿 限 科 流日兄弟宮
文 曲 平 年 科 流日田宅宮	天鈴地 魁星空 旺得陷 流日福德宮	文 昌 得 年 忌 流日父母宮	紫七右火 微殺弼星 旺平平 月本 權科 流日命宮

根據影響流日不動產投資運勢的五個因素，快速分析某個流日不動產投資運勢。

影響流日不動產投資運勢的因素

第一因素	流日田宅宮三方四正是否組合成可能致富格局
第二因素	流日田宅宮的星星吉凶如何
第三因素	流日子女宮的星星吉凶如何
第四因素	流日兄弟宮的星星吉凶如何
第五因素	流日疾厄宮的星星吉凶如何

流日福德宮	流日田宅宮	流日官祿宮	流日僕役宮
流日父母宮			流日遷移宮
流日命宮			流日疾厄宮
流日兄弟宮	流日夫妻宮	流日子女宮	流日財帛宮

流日田宅宮三方四正

第 一 章

快速得到
紫微斗數命盤

Money Luck

財運　　一生　　十年　　某年　　某月　　某日

紫微斗數是一種經過分析大量統計數據所推演出來的算命工具，經過筆者多年來的領悟與驗證，發現其有很高的準確度，運用於個人理財，相當實用。只要知道一個人的性別以及出生時間，那麼就可以排出這個人的「紫微斗數」命盤。

目前要排出「紫微斗數」命盤，可以選擇人工手動排盤或者電腦軟體排盤。雖然人工手動排盤，可以使人對「紫微斗數」這門學問有更深刻的體會，但是需要花很多時間才能學會，因此倘若讀者想要輕鬆又快速得到「紫微斗數」命盤，就可以選擇電腦軟體排盤。

但是由於「紫微斗數」有很多派系，而派系不同，所排出來的命盤也會有些許不同。因此目前許多「紫微斗數」排盤軟體，所排出來的「紫微斗數」命盤也會有些許不同，然而大致上來說，都還算OK。

筆者個人推薦讀者可以採用以下所述的方式，免費且快速地取得自己的「紫微斗數」命盤：

①利用智慧型手機下載免費的「紫微斗數」排盤軟體APP，下載完畢之後，自行輸入相關資料，即可得到「紫微斗數」命盤。

②到免費的「紫微斗數」排盤網站，

例如：http://www.china95.net/paipan/ziwei/

線上輸入相關資料，即可免費得到「紫微斗數」命盤。

排好了自己的「紫微斗數」命盤，那麼這個命盤就是我的嗎？那可不一定！

這個命盤若是您的，需要符合下列條件：

（1）您必須是單胞胎才行。

（2）出生時間必須是正確的。

由於一般人大都一胎只生一個小孩，所以「紫微斗數」統計的樣本也大都是單胞胎者，因此「紫微斗數」排盤軟體所排出來的命盤以單胞胎者為準。

至於有關排定雙胞胎、三胞胎……等孿生者的「紫微斗數」命盤之方法，目前一樣有幾種不一的論法，然而由於筆者認為樣本不夠多，因此在此不予討論，但是筆者有推算過此種案例，推算了老半天之後，當事人才跟我說我剛剛推斷的結果，應該是他的孿生手足中之老大。

因此，如果您雖然是屬於雙胞胎、三胞胎……，但如果您在孿生手足中是排行老大的話，那麼一般「紫微斗數」排盤軟體所排出的命盤，應該有可能可以算是您的。

不過，您若是屬於雙胞胎、三胞胎……，而且您在孿生手足中排行並非老大，而是老二、老三……，那麼一般「紫微斗數」排盤軟體所排出的命盤，應該就不是您的了！

另外，前文提到要排出「紫微斗數」命盤，必須要有出生時間的資料，而出生時間必須包括出生於何年？何月？何日？以及哪一個時辰？

其中，一天有十二個時辰，即所謂的子時、丑時、寅時、卯時、辰時、巳時、午時、未時、申時、酉時、戌時、亥時。而這十二時辰分別所對應的時間，如下表所述：

【 十二時辰分別所對應的時間 】

子　時	↔	23：00～00：59
丑　時	↔	01：00～02：59
寅　時	↔	03：00～04：59
卯　時	↔	05：00～06：59
辰　時	↔	07：00～08：59
巳　時	↔	09：00～10：59
午　時	↔	11：00～12：59
未　時	↔	13：00～14：59
申　時	↔	15：00～16：59
酉　時	↔	17：00～18：59
戌　時	↔	19：00～20：59
亥　時	↔	21：00～22：59

Money Luck

由於「紫微斗數」需要正確的出生時間，才能排出正確的「紫微斗數」命盤，因此確認自己的出生時間，是相當重要的。

目前經常發生出生時間輸入不正確的原因主要有兩種：

（1）出生時間記錯了。

（2）出生時間雖然沒記錯，但是恰好正逢出生地正在實施「日光節約時間」（亦稱為「夏令時間」）。

關於出生時間記錯了的問題，如果您出生的年、月、日都正確，只是出生時辰不確定，那麼可以請真正有實力的命理師，用驗盤的方式，來確認時辰，畢竟一天總共只分成十二個時辰，所以，有實力的命理師可以根據您本身的特性、父母與手足跟您之間的對待關係、您過去已經發生的事情……等資料，推算出您的正確出生時辰。

至於如果您出生的年、月或者日等資訊有誤，那麼就請不要浪費時間排「紫微斗數」命盤了，因為可能需要驗證非常多的「紫微斗數」命盤，而且花了這麼多時間推算出來的「紫微斗數」命盤，可能也不是您的。

您想想看，同年同月同日同時辰出生的人，有多少人，這些人的命運有時候都有一點差異，「紫微斗數」這門統計科學，若要得到更精準的統計資料，或許應該將一個時辰再細分成多個等分（例如一個時辰再分成8等分，每等份15分鐘，稱為一刻），如此一來，即使同年同月同日同時辰生，但是出生時間若是不同時刻，就是不同命盤，這樣的準確度或許才會更精準。

假如只知道出生的年、月、日這三項資料，就要推算一個人

的命運，那「紫微斗數」這門統計科學，豈不是統計得⋯⋯太粗糙啦！

　　至於「夏令時間」，是因為有的國家為了節約能源，在某些時期會將時間撥快一個小時，而在這一個時期所實施的時間稱為「夏令時間」，例如本來實際時間應該是早上8:40，但是官方規定現在的時間是早上9:40。

　　如果您出生的時候，出生地正好在實施「夏令時間」，那麼您一直認定的出生時間有可能是官方規定的時間，因此這個時候您必須要將您的出生時間進行更正，也就是必須往前推一個小時。例如，您認定的出生時間為下午3:30，就必須自行更正成下午2:30出生。

　　下頁的兩個表格分別為臺灣與中國大陸實施「夏令時間」的起迄日期，提供給各位讀者參考：

● 台灣實施「夏令時間」的起迄日期

實施的年份（西元）		實施日期（西元）
1945～1951		05月01日到09月30日
1952		03月01日到10月31日
1953～1954		04月01日到10月31日
1955～1959		04月01日到09月30日
1960～1961		06月01日到09月30日
1974～1975		04月01日到09月30日
1979		07月01日到09月30日

● 中國大陸實施「夏令時間」的起迄日期

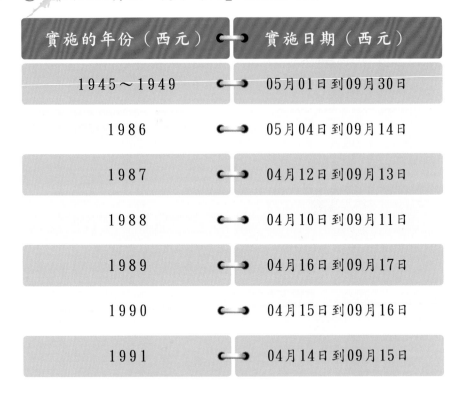

實施的年份（西元）		實施日期（西元）
1945～1949	⊂——⊃	05月01日到09月30日
1986	⊂——⊃	05月04日到09月14日
1987	⊂——⊃	04月12日到09月13日
1988	⊂——⊃	04月10日到09月11日
1989	⊂——⊃	04月16日到09月17日
1990	⊂——⊃	04月15日到09月16日
1991	⊂——⊃	04月14日到09月15日

　　現在，您已經知道如何找出自己正確的「紫微斗數」命盤了，那麼要如何看懂這個命盤，讓自己可以在投資動產、不動產時能有效趨吉避凶，進而變得更有錢一點呢？

　　緊接著，請翻開第二章——「快速推算一生投資理財運勢」。

快速推算
一生投資理財運勢

Money Luck

財運　一生　十年　某年　某月　某日

所謂的投資理財運勢可以區分成兩種，一種是動產的投資理財運勢，而另外一種則是不動產的投資理財運勢。其中，動產是屬於比較容易變現的資產，例如股票、基金等資產。而不動產則是屬於比較不容易變現的資產，例如房子、土地等資產。

當處於動產理財運勢好的時候，若有投資股票或基金等動產，通常獲利的機會很大；相反地，若動產投資運勢不好時，正好又投資股票或基金等動產，通常發生虧損的機會不小。

同樣的，當處於不動產理財運勢好的時候，若有投資房子或土地等不動產，通常獲利的機會很大；相反地，若不動產理財運勢不好的時候，這時若是投資房子或土地等不動產，通常發生虧損的機會不小。

因此，如果有一個人在某段時期，動產的投資理財運勢很好，但是不動產的投資理財運勢卻不好，那麼這個人在這段時期，若想要進行投資，最好投資股票或基金等動產，而最好不要去投資房子或土地等不動產。

相反地，若有一個人在某段時期，動產的投資理財運勢不好，但是不動產的投資理財運勢卻很不錯，那麼這個人在這段時期，若想要做一些投資理財，最好選擇投資房子或土地等不動產，而不要去投資股票或基金等動產。

當然，若有一個人在某段時期，動產理財運勢與不動產理財運勢都很好，那麼這個人在這段期間，所從事、進行的投資理

財，就很有可能隨便買都會賺。

相反地，若有一個人在某段時期，動產理財運勢與不動產理財運勢都很差，那麼這個人在這段期間，進行的任何投資，可能就是隨便買都會賠喔！

人的一生，終究會有歸於塵土的一天，當這一天來臨之時，總結自己的一生所有的投資成果，才會知道自己一生理財運勢的吉凶究竟如何。接下來筆者將教你如何現在就先知道自己一生的投資運勢是吉？是凶？教你如何順運而賺！

所謂一生理財運勢實際上可以區分成兩種運勢，一種是一生動產的投資理財運勢，而另外一種則是一生不動產的投資理財運勢。其中，總結您一生動產投資的成果，可以知道您一生動產理財運勢的吉凶究竟如何。而總結您一生不動產投資的成果，可以知道您一生不動產理財運勢的吉凶究竟如何。

開始來算一算你的投資理財運吧

　　那麼，我要如何知道自己一生的投資理財運勢呢？想要知道自己一生的投資理財運如何，首先必須對「紫微斗數」命盤有一些初步的了解。

　　為了讓讀者容易了解，筆者先以右頁的A命盤為例，做一簡單說明，其中A命盤為一張經過簡化的「紫微斗數」命盤。

　　「紫微斗數」命盤上有12個小格子，為了便於說明，每一個小格子，我們可以稱之為「宮格」。

　　所以，「紫微斗數」命盤上總共有12個「宮格」，而「紫微斗數」利用十二地支（十二地支指的是「子」、「丑」、「寅」、「卯」、「辰」、「巳」、「午」、「未」、「申」、「酉」、「戌」、「亥」），來定義這12個「宮格」的名稱，分別稱為**「子宮」、「丑宮」、「寅宮」、「卯宮」、辰宮、「巳宮」、「午宮」、「未宮」、「申宮」、「酉宮」、「戌宮」、「亥宮」**。

　　所以您可以看到A命盤上有12個小格子，而每一個小格子上分別寫有「子」、「丑」、「寅」、「卯」、「辰」、「巳」、「午」、「未」、「申」、「酉」、「戌」、「亥」的字樣。

　　上述12個「宮格」的位置是固定的，而且係呈現一規則性排列，其中，「亥宮」係指坐落在「紫微斗數」命盤中右下角的

天府 祿存 得 廟 福德宮　丁巳	天同 太陰 擎羊 陷　平　陷 （權） 田宅宮　戊午	武曲 貪狼 天鉞 廟　廟　旺 （祿） 官祿宮　己未	太陽 巨門 天馬 得　廟　旺 僕役宮　庚申
陀羅 廟 父母宮　丙辰	陽曆：1979年01月18日戌時生 陰曆：戊午 年12月20日戌時生		天相 地劫 陷　平 遷移宮　辛酉
廉貞 破軍 左輔 平　陷 命宮　乙卯			天機 天梁 平　廟 （忌） 疾厄宮　壬戌
文曲 平 兄弟宮　甲寅	天魁 鈴星 地空 旺　得　陷 夫妻宮　乙丑	文昌 得 子女宮　甲子	紫微 七殺 右弼 火星 旺　平　　　平 （科） 財帛宮　癸亥

A命盤

小格子，而如果以「亥宮」所在的小格子為基準，則順時針方向來看的話，「子宮」、「丑宮」、「寅宮」、「卯宮」、「辰宮」、「巳宮」、「午宮」、「未宮」、「申宮」、「酉宮」、「戌宮」，這11個「宮格」分別指依序坐落在順時針方向排列的11個小格子。

另外，「紫微斗數」命盤共有12個宮：**命宮、兄弟宮、夫妻宮、子女宮、財帛宮、疾厄宮、遷移宮、僕役宮（也可以稱為朋友宮）、官祿宮（也可以稱為事業宮）、田宅宮、福德宮、父母宮。**

而這12個宮分別坐落在「紫微斗數」命盤上的12個小格子裡，所以您可以看到A命盤上的12個小格子中，每一個小格子上分別寫有上述各宮的名稱。

而這12個宮分佈在12個小格子上也是有一規則性的，如果以命宮所在的小格子為基準，則順時針方向來看的話，父母宮、福德宮、田宅宮、官祿宮、僕役宮、遷移宮、疾厄宮、財帛宮、子女宮、夫妻宮、兄弟宮，這11個宮分別依序坐落在順時針方向排列的11個小格子上。

因為A命盤上的命宮坐落在「卯宮」，所以依照上述順時針方向排列規則，A命盤上的父母宮、福德宮、田宅宮、官祿宮、僕役宮、遷移宮、疾厄宮、財帛宮、子女宮、夫妻宮、兄弟宮，這11個宮分別依序坐落在**「辰宮」、「巳宮」、「午宮」、「未宮」、「申宮」、「酉宮」、「戌宮」、「亥宮」、「子宮」、「丑宮」、「寅宮」**上。

另外，每個宮都有一些「紫微斗數」定義的星星，例如A命盤中的命宮裡有三顆星星，分別是「廉貞」、「破軍」、「左輔」。

此外，命盤中會標示出一些星星的亮度，其中「紫微斗數」定義的星星亮度，由高到低可以分類為**「廟」**、**「旺」**、**「得或地」**、**「利」**、**「平」**、**「閒」**、**「陷」**，通常某顆星星的亮度越亮，則此顆星星比較會展現它的優點並隱藏它的缺點；而某顆星星的亮度越暗，則此顆星星比較會展現它的缺點並隱藏它的優點。

例如A命盤中的命宮裡標示出「廉貞」的亮度是「平」、「破軍」的亮度是「陷」，因為亮度都不大好，所以「廉貞」與「破軍」兩顆星星會比較傾向展現出它們的缺點。

此外，「紫微斗數」定義了四顆化星，分別是**「祿」**、**「權」**、**「科」**、**「忌」**。這四顆化星，係依附在某些星星上面，分別使得這些星星**「化祿」**、**「化權」**、**「化科」**、**「化忌」**，而呈現出所謂的「雙星組合」的效應。至於這四顆化星，在什麼情況下會使哪些星星分別「化祿」、「化權」、「化科」、「化忌」，則是依照所謂的「天干」來決定。

流傳已久的「天干」與「地支」指的是**「十天干」**——**「甲、乙、丙、丁、戊、己、庚、辛、壬、癸」**，以及**「十二地支」**——**「子、丑、寅、卯、辰、巳、午、未、申、酉、戌、亥」**。

而「紫微斗數」由於有許多派系，而每個派系內又有一些歧異的觀點，此種歧異觀點也導致這四顆化星分布在命盤上的位置有時候會有所不同。以下列出幾種四化星配置的不同觀點，以供讀者參閱。

然而，為了不讓讀者一開始就被這個棘手的問題所苦惱，筆**者建議讀者先採用第一種四化星配置的觀點**，等讀者熟練「紫微斗數」論命技巧之後，日後再去自行決定是否要繼續採用這種觀點。

【第一種四化星配置的觀點】

天干	甲	乙	丙	丁	戊	己	庚	辛	壬	癸
四化星配置	廉貞化祿	天機化祿	天同化祿	太陰化祿	貪狼化祿	武曲化祿	太陽化祿	巨門化祿	天梁化祿	破軍化祿
	破軍化權	天梁化權	天機化權	天同化權	太陰化權	貪狼化權	武曲化權	太陽化權	紫微化權	巨門化權
	武曲化科	紫微化科	文昌化科	天機化科	右弼化科	天梁化科	太陰化科	文曲化科	左輔化科	太陰化科
	太陽化忌	太陰化忌	廉貞化忌	巨門化忌	天機化忌	文曲化忌	天同化忌	文昌化忌	武曲化忌	貪狼化忌

【第二種四化星配置的觀點】

天干	甲	乙	丙	丁	戊	己	庚	辛	壬	癸
四化星配置	廉貞化祿	天機化祿	天同化祿	太陰化祿	貪狼化祿	武曲化祿	太陽化祿	巨門化祿	天梁化祿	破軍化祿
	破軍化權	天梁化權	天機化權	天同化權	太陰化權	貪狼化權	武曲化權	太陽化權	紫微化權	巨門化權
	武曲化科	紫微化科	文昌化科	天機化科	右弼化科	天梁化科	天同化科	文曲化科	左輔化科	太陰化科
	太陽化忌	太陰化忌	廉貞化忌	巨門化忌	天機化忌	文曲化忌	太陰化忌	文昌化忌	武曲化忌	貪狼化忌

【第三種四化星配置的觀點】

天干	甲	乙	丙	丁	戊	己	庚	辛	壬	癸
四化星配置	廉貞化祿	天機化祿	天同化祿	太陰化祿	貪狼化祿	武曲化祿	太陽化祿	巨門化祿	天梁化祿	破軍化祿
	破軍化權	天梁化權	天機化權	天同化權	太陰化權	貪狼化權	武曲化權	太陽化權	紫微化權	巨門化權
	武曲化科	紫微化科	文昌化科	天機化科	太陽化科	天梁化科	天府化科	文曲化科	天府化科	太陰化科
	太陽化忌	太陰化忌	廉貞化忌	巨門化忌	天機化忌	文曲化忌	天同化忌	文昌化忌	武曲化忌	貪狼化忌

【第四種四化星配置的觀點】

天干	甲	乙	丙	丁	戊	己	庚	辛	壬	癸
四化星配置	廉貞化祿	天機化祿	天同化祿	太陰化祿	貪狼化祿	武曲化祿	太陽化祿	巨門化祿	天梁化祿	破軍化祿
	破軍化權	天梁化權	天機化權	天同化權	太陰化權	貪狼化權	武曲化權	太陽化權	紫微化權	巨門化權
	文曲化科	紫微化科	文昌化科	天機化科	右弼化科	天梁化科	天同化科	武曲化科	天府化科	太陰化科
	太陽化忌	太陰化忌	廉貞化忌	巨門化忌	天機化忌	文曲化忌	天相化忌	文昌化忌	武曲化忌	貪狼化忌

請再次參閱A命盤：

天祿 府存 得廟 福德宮 丁巳	天太擎 同陰羊 陷平陷 〈權〉 田宅宮 戊午	武貪天 曲狼鉞 廟廟旺 〈祿〉 官祿宮 己未	太巨天 陽門馬 得廟旺 僕役宮 庚申
陀 羅 廟 父母宮 丙辰	陽曆：1979年01月18日戌時生 陰曆：戊午 年12月20日戌時生		天地 相劫 陷平 遷移宮 辛酉
廉破左 貞軍輔 平陷 命宮 乙卯			天天 機梁 平廟 〈忌〉 疾厄宮 壬戌
文 曲 平 兄弟宮 甲寅	天鈴地 魁星空 旺得陷 夫妻宮 乙丑	文 昌 得 子女宮 甲子	紫七右火 微殺弼星 旺平 平 〈科〉 財帛宮 癸亥

A命盤

這張A命盤的主人出生於陽曆1979年1月18日戌時，所謂「陽曆」就是「西曆」，而對應的陰曆生日時間是陰曆戊午年12月20日戌時，所謂「陰曆」就是「農曆」。

　　此外，台灣人對於自己的出生時間，通常習慣從「民國元年」開始算起，由於「民國元年」是西元1912年，因此若您是「民國68年」出生的話，換算成「西曆」，就是西元1979年（民國換算成「西曆」，需要加上1911，也就是68+1911=1979）。

　　由於A命盤主人出生於「戊午年」，由「戊」這個天干，可以得知，四化星分別使得**貪狼化祿、太陰化權、右弼化科、天機化忌**。

　　所謂的貪狼化祿包含兩顆星星——「貪狼」以及「祿」，恰好落在A命盤的「官祿宮」位置上，故讀者可以看到A命盤的「官祿宮」位置上，有「貪狼」這顆星，且在「貪狼」這顆星的正下方有一個「祿」字，代表著「祿」這顆星。

　　同樣的太陰化權、右弼化科、天機化忌也都各包含了兩顆星星，分別落在A命盤的「田宅宮」、「財帛宮」、「疾厄宮」的位置上。

　　因此讀者可以看到A命盤的「田宅宮」位置上，有「太陰」這顆星，且在「太陰」這顆星的正下方有一個「權」字，代表著「權」這顆星。而「財帛宮」位置上，有「右弼」這顆星，且在「右弼」這顆星的正下方有一個「科」字，代表著「科」這顆

星。「疾厄宮」位置上，有「天機」這顆星，且在「天機」這顆星的正下方有一個「忌」字，代表著「忌」這顆星。

★ 由財帛宮三方四正看你的動產投資運勢

在前文所述「紫微斗數」命盤的十二宮中，**財帛宮主導自己一生動產的投資理財運勢；而田宅宮則主導自己一生不動產的投資理財運勢**。前面已經說過，動產顧名思義就是變現比較容易的資產，例如外幣、股票、基金等資產；而不動產顧名思義就是變現比較不容易的資產，例如房子、土地等資產。因此，一生投資理財運勢可以根據投資理財種類，分成一生動產理財運勢以及一生不動產理財運勢兩種來討論。

然而，雖然**財帛宮**主導一生的動產投資理財運勢，但是一生動產投資的總體運勢還必須看**福德宮、命宮**、以及**官祿宮**這三個宮的吉凶，而這三個宮就是「紫微斗數」中所謂的財帛宮之三方，此三個宮再加上財帛宮本身，共有四個宮，則稱之為財帛宮的三方四正。

Money Luck

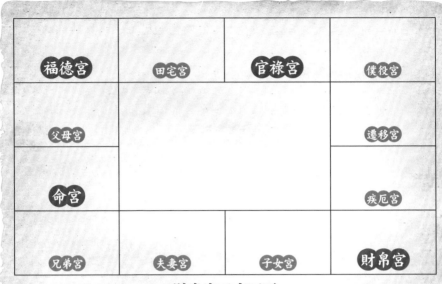

<table>
<tr><td>福德宮</td><td>田宅宮</td><td>官祿宮</td><td>僕役宮</td></tr>
<tr><td>父母宮</td><td></td><td></td><td>遷移宮</td></tr>
<tr><td>命宮</td><td></td><td></td><td>疾厄宮</td></tr>
<tr><td>兄弟宮</td><td>夫妻宮</td><td>子女宮</td><td>財帛宮</td></tr>
</table>

財帛宮三方四正

　　財帛宮三方四正的星星組合搭配得好，會形成足以致富的格局，例如當財帛宮裡有「祿」與「祿存」這兩顆星星，那麼就形成所謂的「雙祿交流」格局，您若有此一足以致富的格局，那麼恭喜您！您的一生動產理財運勢總結，相當不錯的機率很大，換句話說，即您一生若進行動產方面的投資，獲利的機率相當大。

　　倘若不論格局，根據筆者的心得，若想要知道自己的一生的動產投資理財運勢如何，必須同時看財帛宮、福德宮、命宮、以及官祿宮這四個宮的吉凶。其中影響一生動產投資運勢最重要的宮是財帛宮，第二重要的宮是福德宮，而命宮比官祿宮稍為重要，可以分別列為第三重要的宮與第四重要的宮，或者也可以並列第三重要的宮。只要看這四個宮有哪些「紫微斗數」的星星，

就可以大略看出自己一生的動產投資運勢如何。

另外，動產投資運勢佳的人，除了進行動產方面的投資，會賺到錢的機會很大之外，在動產投資這個管道之外，通常進財能力佳，而且創業成功的機會也很大。

由田宅宮三方四正看你的不動產投資運勢

至於**田宅宮**則主導一生不動產理財運勢，但是一生不動產理財的總體運勢還必須看**子女宮**、**兄弟宮**、以及**疾厄宮**這三個宮的吉凶，而這三個宮就是「紫微斗數」中所謂的田宅宮之三方，此三個宮再加上田宅宮本身，共有四個宮，則稱之為田宅宮的三方四正。

福德宮	田宅宮	官祿宮	僕役宮
父母宮			遷移宮
命宮			疾厄宮
兄弟宮	夫妻宮	子女宮	財帛宮

田宅宮三方四正

田宅宮三方四正的星星組合搭配得好，會形成足以致富的格局，例如當田宅宮裡有「太陽」與「太陰」這兩顆星星，那麼就可能形成所謂的「日月照璧」格局，您若有此一足以致富的格局，那麼恭喜您！您的一生不動產投資理財運勢總結，相當不錯的機率很大，換句話說，即您一生若進行不動產方面的投資，獲利的機率相當大。

　　倘若不論格局，根據筆者的心得，若想要知道自己一生的不動產投資理財運勢總結如何，必須同時看田宅宮、子女宮、兄弟宮、以及疾厄宮這四個宮的吉凶。其中影響一生不動產投資運勢最重要的宮是田宅宮，第二重要的宮是子女宮、而兄弟宮與疾厄宮，對一生不動產理財運勢的影響力差不多，可以並列為第三重要的宮。

　　在此特別要注意的是，若將兄弟宮與疾厄宮對一生不動產理財運勢的影響力加起來，則可以與子女宮對一生不動產理財運勢的影響力相提並論，甚且還會超過子女宮對一生不動產理財運勢的影響力。因此只要看上述四個宮有哪些「紫微斗數」星星，就可以大略看出自己的一生不動產投資運勢如何。

★ 影響投資理財運勢的32顆星星

　　那麼，「紫微斗數」所定義的星星中，有哪些星星是可以助長理財運勢，又有哪些星星是會惡化理財運勢呢？這個就是我

現在要介紹的另一個基本概念：影響投資理財運勢的主要星星介紹。

「紫微斗數」由於有許多派系，而每個派系的專家對於某些星星又有一些不同觀點，因此讀者若有看過目前坊間有關「紫微斗數」的書籍，一定霧煞煞，不知從何著手。

現在，筆者根據自己的實際論命經驗以及個人的研習心得，擷取出經過驗證後準確度高、而且各派系比較有共識的見解，整理出如下的簡易推算方法。此一簡易推算方法，可以讓讀者只要先認識32顆「紫微斗數」定義的星星，就可以大概推算自己一生的投資理財運勢，而此推算出來的一生理財運勢，準確率相當高。

這32顆「紫微斗數」星星分別是：

1 **16顆主星：** 紫微、天府、廉貞、武曲、天相、七殺、破軍、貪狼、天機、太陰、天同、天梁、太陽、巨門、祿存、天馬。

2 **6顆吉星：** 左輔、右弼、天魁、天鉞、文昌、文曲。

3 **6顆煞星：** 擎羊、陀羅、火星、鈴星、地空、地劫。

4 **4顆化星：** 祿、權、科、忌。

上述32顆星星，若組合配置得好，會形成足以致富的格局（例如前文所述的「雙祿交流」格局或「日月照璧」格局）。與

一生理財運勢相關的格局，現在姑且不論，暫且讓我們先來了解這32顆星星單一存在的特性。

首先，在上述「紫微斗數」32顆星星中，對於投資理財運勢最有助益的星星有5顆，稱之為財星，我們將這5顆星星歸類在「**財星類**」，分別為：**天府、武曲、太陰、祿存、祿**。

另外，通常會助長理財運勢的益星有8顆，我們將這8顆星星歸類在「**益星類**」，分別為：**左輔、右弼、天魁、天鉞、文昌、文曲、權、科**。

而通常會惡化理財運勢的惡星有7顆，我們將這7顆星星歸類在「**惡星類**」，分別為：**擎羊、陀羅、火星、鈴星、地空、地劫、忌**。

另外，其餘的12顆星星分別為：紫微、廉貞、天相、七殺、破軍、貪狼、天機、天同、天梁、太陽、巨門、天馬，它們對於投資理財運勢的影響，與前面20顆星星（5顆財星＋8顆益星＋7顆惡星）相比，具有比較複雜的特性，不全然一定是正面影響，也不全然一定是負面影響，讀者若要弄清楚，必須要花更多的時間與精力，故在此建議讀者以後有興趣，再去深入了解。

我們現在先暫且將這12顆星星，視為理財助益為中性的星星看待，因此我們將這12顆星星暫且歸類成「中性星類」。

下表為此32顆星星的吉凶分類。

32顆「紫微斗數」星星的簡易分類表

財星類（最吉）	天府、武曲、太陰、祿存、祿
益星類（次吉）	左輔、右弼、天魁、天鉞、文昌、文曲、權、科
惡星類（兇）	擎羊、陀羅、火星、鈴星、地空、地劫、忌
中性星類	紫微、廉貞、天相、七殺、破軍、貪狼、天機、天同、天梁、太陽、巨門、天馬

　　另外，前面說過「紫微斗數」定義的星星是有亮度之別的，**亮度由高到低**可以分類為「**廟**」、「**旺**」、「**得或地**」、「**利**」、「**平**」、「**閒**」、「**陷**」，通常星星的亮度越亮，比較會助長理財運勢，而通常星星的亮度越暗，比較不會助長理財運勢，倘若亮度很暗，有時候甚至會惡化理財運勢。

　　在上述32顆星星中，祿存、天馬、左輔、右弼、天魁、天鉞、化星，讀者目前可以先忽略不看其亮度，只要注意其餘22顆星星的亮度即可。

影響一生動產投資運勢的因素

　　影響一生動產投資理財運勢的因素，紫微斗數各派名家的說法不盡相同，為了讓讀者可以比較簡易且快速地推算一生動產理財運勢，筆者提供下列表格以供讀者參考，此表格列出影響一生動產理財運勢的因素，雖然除了此表格中所列的影響因素之外，其實還有一些因素（例如命宮三方四正是否有致富的格局，遷移宮的星星吉凶如何等等）也會影響一生動產理財運勢，但是根據筆者的論斷經驗，利用此表格中所列的影響因素，來推斷一生的動產投資運勢，準確率應該還不差，所以以下將根據此表格，詳細說明如何輕鬆判斷一生動產投資運勢吉凶。

● 影響一生動產投資運勢的因素

第一重要因素	財帛宮三方四正的星星是否組合成富局
第二重要因素	財帛宮內的星星吉凶如何
第三重要因素	福德宮內的星星吉凶如何
第四重要因素	命宮內的星星吉凶如何
第五重要因素	官祿宮內的星星吉凶如何

　　影響一生動產投資運勢吉凶的第一重要因素，是財帛宮三方四正的星星，是否有組合成可能致富的格局？若有，則恭喜您，一生的動產投資理財運勢總結，進財運相當好的機率很高，只要不失財過多，則有致富的可能。

　　所謂財帛宮的三方，指的是福德宮、命宮以及官祿宮等三個宮，這三個宮再加上財帛宮本身，合稱為財帛宮的三方四正。

　　關於可能致富的格局，筆者列舉幾種比較常見且應驗機率比較高的格局給各位讀者參閱，這些格局包括「雙祿交流」、「雙祿朝垣」、「祿馬交馳」、「火貪」、「鈴貪」、「火鈴貪」、「祿存守財」、「日月夾財」。

　　其中，若財帛宮的三方四正，同時有「祿」以及「祿存」這兩顆星星，則就有可能構成「雙祿交流」或「雙祿朝垣」的格局；而若有「天馬」，且同時有「祿」或「祿存」其中至少一顆星星，則就有可能構成「祿馬交馳」的格局；而若同時有「火星」以及「貪狼」這兩顆星星，則就有可能構成「火貪」的格局；而若同時有「鈴星」以及「貪狼」這兩顆星星，則就有可能構成「鈴貪」的格局。

　　而若財帛宮的三方四正，同時有「火星」、「鈴星」以及「貪狼」這三顆星星，則就有可能構成「火鈴貪」的格局；而若財帛宮內有「祿存」這顆星星，則就有可能構成「祿存守財」的格局，其中「祿存守財」這個用語，是筆者自己所定的名稱，古

書指的是財帛宮裡有「祿存」這顆星星而言；而若財帛宮的左右鄰宮（亦即子女宮及疾厄宮）分別有「太陽」與「太陰」這兩顆星星，則就有可能構成「日月夾財」的格局。

　　上述可能致富的格局，一一說明如下：

1.「雙祿交流」格局：

　　財帛宮三方四正（財帛宮、福德宮、命宮、官祿宮）的任何一個宮位內，同時有「祿」以及「祿存」這兩顆星星（例如下面圖示中的「雙祿交流」格局①與「雙祿交流」格局②）；或者財帛宮有「祿」或「祿存」其中一顆星星，而財帛宮三方的任一個宮也有「祿」或「祿存」其中一顆星星（例如下面圖示中的「雙祿交流」格局③與「雙祿交流」格局④），則構成「雙祿交流」格局。

雙祿交流格局①

福德宮	田宅宮	官祿宮	僕役宮
父母宮			遷移宮
命宮			疾厄宮
兄弟宮	夫妻宮	子女宮	祿 祿存 財帛宮

雙祿交流格局②

福德宮	田宅宮	官祿宮	僕役宮
父母宮			遷移宮
祿存 祿 命宮			疾厄宮
兄弟宮	夫妻宮	子女宮	財帛宮

雙祿交流格局③

福德宮	田宅宮	官祿宮	僕役宮
父母宮			遷移宮
祿存 命宮			疾厄宮
兄弟宮	夫妻宮	子女宮	祿 財帛宮

雙祿交流格局④

祿 福德宮	田宅宮	官祿宮	僕役宮
父母宮			遷移宮
命宮			疾厄宮
兄弟宮	夫妻宮	子女宮	祿存 財帛宮

2.「雙祿朝垣」格局：

　　「祿」以及「祿存」這兩顆星星，分別落在財帛宮三方（福德宮、命宮、官祿宮）的其中兩個宮位內（例如以下圖示中的「雙祿朝垣」格局①與「雙祿朝垣」格局②），則構成「雙祿朝垣」格局。

雙祿朝垣格局①

祿 福德宮	田宅宮	官祿宮	僕役宮
父母宮			遷移宮
祿 存 命宮			疾厄宮
兄弟宮	夫妻宮	子女宮	財帛宮

雙祿朝垣格局②

祿 存 福德宮	田宅宮	祿 官祿宮	僕役宮
父母宮			遷移宮
命宮			疾厄宮
兄弟宮	夫妻宮	子女宮	財帛宮

Money Luck

3.「祿馬交馳」格局：

　　財帛宮三方四正（財帛宮、福德宮、命宮、官祿宮）的任何一個宮位內，除了有「**天馬**」這顆星之外，同時有「**祿**」或「**祿存**」其中一顆星星（例如下面圖示中的「祿馬交馳」格局①與「祿馬交馳」格局②）；或者財帛宮有「祿」或「祿存」其中一顆星星，而財帛宮三方的任一個宮則有「天馬」這一顆星星（例如下面圖示中的「祿馬交馳」格局③與「祿馬交馳」格局④）；或者財帛宮有「天馬」這一顆星星，而財帛宮三方的任一個宮也有「祿」或「祿存」其中一顆星星（例如下面圖示中的「祿馬交馳」格局⑤與「祿馬交馳」格局⑥），則構成「祿馬交馳」格局。

祿馬交馳格局①

福德宮	田宅宮	官祿宮	僕役宮
父母宮			遷移宮
命宮			疾厄宮
兄弟宮	夫妻宮	子女宮	天祿馬存 財帛宮

祿馬交馳格局②

祿天馬 福德宮	田宅宮	官祿宮	僕役宮
父母宮			遷移宮
命宮			疾厄宮
兄弟宮	夫妻宮	子女宮	財帛宮

祿馬交馳格局③

天馬 福德宮	田宅宮	官祿宮	僕役宮
父母宮			遷移宮
命宮			疾厄宮
兄弟宮	夫妻宮	子女宮	祿 財帛宮

祿馬交馳格局④

天馬 福德宮	田宅宮	官祿宮	僕役宮
父母宮			遷移宮
命宮			疾厄宮
兄弟宮	夫妻宮	子女宮	祿 存 財帛宮

祿馬交馳格局⑤

福德宮	田宅宮	官祿宮	僕役宮
父母宮			遷移宮
祿 命宮			疾厄宮
兄弟宮	夫妻宮	子女宮	天 馬 財帛宮

祿馬交馳格局⑥

		祿 存	
福德宮	田宅宮	官祿宮	僕役宮
父母宮			遷移宮
命宮			疾厄宮
兄弟宮	夫妻宮	子女宮	天 馬 財帛宮

4.「火貪」格局：

「貪狼」或「火星」其中一顆落在財帛宮，而另一顆則落在財帛宮三方四正（財帛宮、福德宮、命宮、官祿宮）的任一個宮，則構成「火貪」格局（例如下面圖示中的「火貪」格局①、「火貪」格局②與「火貪」格局③）。

在這裡請讀者要特別留意，「火貪」格局，有橫發橫破的特性，這是由於「火星」是惡星，有耗財的特性所致。因此「火貪」格局雖有可能突然暴發，但是**最好財帛宮三方四正同時有「祿」或「祿存」等財星**，才不會讓「火星」的耗財特性，破壞了致富的可能性。

火貪格局①

福德宮	田宅宮	官祿宮	僕役宮
父母宮			遷移宮
命宮			疾厄宮
兄弟宮	夫妻宮	子女宮	貪火 狼星 財帛宮

火貪格局②

福德宮	田宅宮	火 星 官祿宮	僕役宮
父母宮			遷移宮
命宮			疾厄宮
兄弟宮	夫妻宮	子女宮	貪 狼 財帛宮

火貪格局③

福德宮	田宅宮	官祿宮	僕役宮
父母宮			遷移宮
貪狼 命宮			疾厄宮
兄弟宮	夫妻宮	子女宮	火星 財帛宮

5.「鈴貪」格局：

　　「貪狼」或「鈴星」其中一顆落在財帛宮，而另一顆則落在財帛宮三方四正（財帛宮、福德宮、命宮、官祿宮）的任一個宮，則構成「鈴貪」格局（例如下面圖示中的「鈴貪」格局①、「鈴貪」格局②與「鈴貪」格局③）。

　　在這裡請讀者要特別留意，「鈴貪」格局，有橫發橫破的特性，這是由於「鈴星」是惡星，有耗財的特性所致。因此「鈴貪」格局雖有可能突然暴發，但是**最好財帛宮三方四正同時有「祿」或「祿存」等財星**，才不會讓「鈴星」的耗財特性，破壞了致富的可能性。

鈴貪格局①

福德宮	田宅宮	官祿宮	僕役宮
父母宮			遷移宮
命宮			疾厄宮
兄弟宮	夫妻宮	子女宮	貪鈴 狼星 財帛宮

鈴貪格局②

福德宮	田宅宮	鈴 星 官祿宮	僕役宮
父母宮			遷移宮
命宮			疾厄宮
兄弟宮	夫妻宮	子女宮	貪 狼 財帛宮

鈴貪格局③

福德宮	田宅宮	官祿宮	僕役宮
父母宮			遷移宮
貪狼　命宮			疾厄宮
兄弟宮	夫妻宮	子女宮	鈴星　財帛宮

6.「火鈴貪」格局：

「**貪狼**」落在財帛宮，而「**火星**」與「**鈴星**」則落在財帛宮三方四正的任一個宮，則構成「火鈴貪」格局（例如下面圖示中的「火鈴貪」格局①、「火鈴貪」格局②與「火鈴貪」格局③）。

要特別留意的是，「火鈴貪」格局有橫發橫破的特性，這是由於「火星」與「鈴星」是惡星，有耗財的特性所致。因此「火鈴貪」格局雖有可能突然暴發，但是**最好財帛宮三方四正同時有「祿」或「祿存」等財星**，才不會讓「火星」與「鈴星」的耗財特性，破壞了致富的可能性。另外，「火鈴貪」格局與前面所述的「火貪」格局以及「鈴貪」格局相比，爆發的程度更大。

火鈴貪格局①

田宅宮	官祿宮	僕疫宮	遷移宮
鈴星 福德宮			疾厄宮
父母宮		貪狼 財帛宮	
火星 命宮	兄弟宮	夫妻宮	子女宮

火鈴貪格局②

火星 官祿宮	僕役宮	遷移宮	疾厄宮
田宅宮		貪狼 財帛宮	
福德宮			子女宮
父母宮	鈴星 命宮	兄弟宮	夫妻宮

火鈴貪格局③

		鈴 星	
夫妻宮	兄弟宮	命宮	父母宮

子女宮			福德宮
貪 狼 財帛宮			田宅宮

			火 星
疾厄宮	遷移宮	僕役宮	官祿宮

7.「祿存守財」格局：

財帛宮內有「祿存」這顆星星，且沒有「忌」這顆星星，則構成「祿存守財」格局，如下面圖示。在此值得注意的是，前面所述「雙祿交流」以及「祿馬交流」格局中有的已經包含了「祿存守財」格局，所以其足以致富的強度，勝過單純的「祿存守財」格局。

祿存守財格局

福德宮	田宅宮	官祿宮	僕役宮
父母宮			遷移宮
命宮			疾厄宮
兄弟宮	夫妻宮	子女宮	祿存 財帛宮

8.「日月夾財」格局：

財帛宮的左右兩鄰宮（亦即子女宮及疾厄宮）分別有「**太陽**」與「**太陰**」這兩顆星星，則構成「日月夾財」格局。其中，「日月夾財」的可能格局只有四種，如以下圖示中的「日月夾財」格局①、「日月夾財」格局②、「日月夾財」格局③與「日月夾財」格局④。

日月夾財格局①

命宮	父母宮	福德宮	田宅宮
兄弟宮			官祿宮
夫妻宮			僕役宮
太陽 旺 子女宮	武曲 廟 財帛宮	太陰 廟 疾厄宮	遷移宮

日月夾財格局②

遷移宮	太陰 平 疾厄宮	武曲 廟 財帛宮	太陽 得 子女宮
僕役宮			貪狼 夫妻宮
官祿宮			兄弟宮
田宅宮	福德宮	父母宮	命宮

日月夾財格局③

命宮	父母宮	福德宮	田宅宮
兄弟宮			官祿宮
夫妻宮			僕役宮
太陰旺 子女宮	天府廟 財帛宮	太陽陷 疾厄宮	遷移宮

日月夾財格局④

遷移宮	太陽旺 疾厄宮	天府廟 財帛宮	太陰平 子女宮
僕役宮			貪狼 夫妻宮
官祿宮			兄弟宮
田宅宮	福德宮	父母宮	命宮

所謂「日月夾財」，其中「日」的意思，代表「太陽」這顆星星；而「月」的意思，代表「太陰」這顆星星；至於「夾財」的意思，根據紫微斗數某派名家的解釋，當財帛宮裡面有財星「武曲」或者「天府」時，財帛宮的左右兩鄰宮可能分別會有「日」與「月」這兩顆星星，當如此情況發生之時，「財帛宮」裡面的財星恰好可以被「日」與「月」這兩顆星星夾住，故可以稱之為「日月夾財」格局。

另外，值得留意的是，另外有一些紫微斗數名家認為古書中所謂「日月夾財」格局，所指的應該是命宮裡面有財星「武曲」時，且命宮的左右兩鄰宮分別有「日」與「月」這兩顆星星來夾住命宮中的財星「武曲」時，才可以稱之為「日月夾財」格局（亦即上面圖示中的「日月夾財」格局①、「日月夾財」格局②、「日月夾財」格局③與「日月夾財」格局④都不算是「日月夾財」格局）。

還有一些紫微斗數名家只認同當財帛宮裡面有財星「武曲」時，且財帛宮的左右兩鄰宮分別有「日」與「月」這兩顆星星來夾住財星「武曲」時，才可以稱之為「日月夾財」格局（亦即上面圖示中的「日月夾財」格局①與「日月夾財」格局②才算是「日月夾財」格局）。

此外，也有某些紫微斗數名家認為「日月夾財」格局中，「太陽」與「太陰」的亮度很重要，因此認為前頁圖示中的「日月夾財」格局①與「日月夾財」格局④遠勝於「日月夾財」格局

②與「日月夾財」格局③。

　　由於「日月夾財」格局有上述之爭議性存在，故筆者建議讀者對此格局要特別留意，不要一看到某命盤的財帛宮有如此之格局，就推算此命盤主人可以致富。此外，也由於「日月夾財」格局有上述之爭議性存在，故筆者在本書中進行命盤範例推算時，暫且不將此格局列入足以致富的格局考量。

　　介紹完了影響一生動產投資運勢吉凶的第一重要因素之後，在此要提醒讀者，財帛宮的三方四正若有上述格局，只是有可能致富，但是不一定會致富。

　　倘若要致富，財帛宮的三方四正，還需要有一些財星與益星進駐，且不可以有其他惡星進駐。若財帛宮的三方四正有一顆惡星，有時候因為這顆惡星失財的額度，會使人因此無法致富；而財帛宮的三方四正若有很多顆惡星，有時候失財的額度，會使人因此變窮或甚至破產。

　　因此推斷一生動產投資運勢吉凶，還需要考慮P85表格中所列的其他影響因素。

★ 因素2：財帛宮內的星星吉凶如何？

　　影響一生動產投資運勢吉凶的第二重要因素，是財帛宮內的星星吉凶如何？主要是看財帛宮內是否有**財星（天府、武曲、**

太陰、祿存、祿）？是否有**益星**（**左輔、右弼、天魁、天鉞、文昌、文曲、權、科**）或惡星（擎羊、陀羅、火星、鈴星、地空、地劫、忌）？星星亮度如何？

財星與益星越多，將增加進財機率，因此一生動產投資運勢總結通常越好；惡星越多，將提高財富損失的機率，因此一生動產投資運勢總結通常越差。

而星星亮度越亮，對一生動產投資運勢越有正面的效益，大抵上來說，**亮度要「廟」或「旺」為佳**；而星星亮度越暗，對一生動產投資運勢越有負面的效益，大抵上來說，亮度若為平或陷，那就不太妙啦。

假若您的財帛宮三方四正，有兩顆或兩顆以上的惡星，那麼奉勸閣下一生中若有進行動產投資或創業當老闆的機會時，則要多加謹慎小心。

因素3：福德宮的星星吉凶如何？

影響一生動產投資運勢吉凶的第三重要因素，是福德宮的星星吉凶如何？

主要是看福德宮內是否有財星（天府、武曲、太陰、祿存、祿）？是否有益星（左輔、右弼、天魁、天鉞、文昌、文曲、權、科）或惡星（擎羊、陀羅、火星、鈴星、地空、地劫、忌）？星星亮度如何？判斷準則，與前面所述第二重要因素相同。

Money Luck

因素4：命宮裡面的星星吉凶如何？

影響一生動產投資運勢吉凶的第四重要因素，是命宮裡面的星星吉凶如何？

主要是看是否有財星？是否有益星或惡星？星星亮度如何？判斷準則，同樣與前面所述第二重要因素相同。

 ## 因素5：官祿宮裡面的星星吉凶如何？

影響一生動產理財運勢吉凶的第五重要因素，是官祿宮（事業宮）裡面的星星吉凶如何？

主要是看是否有財星？是否有益星或惡星？星星亮度如何？判斷準則，同樣與前面所述第二重要因素相同。

範例1　某男歌手之命盤

　　讀者若清楚了前文筆者所說的基本觀念，那麼現在我們就利用一個電腦軟體排列出的範例命盤，來說明究竟要如何簡略地推算一生的投資理財運勢。

　　請參閱B命盤，其中B命盤據說是台灣一位知名男歌手之「紫微斗數」命盤，姑且不論真假，以下我將就B命盤作「紫微斗數」命盤解說。

　　由B命盤中可以看出，此命盤主人的**命宮裡有廉貞、破軍、左輔**……等星星。

Money Luck

天祿破天 府存碎壽 得　廟 博士 病符　22-31　　絕 亡神　福德宮　丁巳	天太擎恩 同陰羊光 陷平陷 　　權 力士 歲建　32-41　　胎 將星　田宅宮　戊午	武貪天天 曲狼鉞空 廟廟旺 　　祿 青龍 晦氣　42-51　　養 攀鞍　官祿宮　己未	太巨天天解孤天天 陽門馬刑神辰貴傷 得廟旺 小耗 喪門　52-61　　長生 歲驛　僕役宮　庚申
陀陰台鳳寡八 羅煞輔閣宿座 廟 官符 吊客　12-21　　墓 月煞　父母宮　丙辰	**命四化 [戊貪陰弼機]** **命宮在卯 身宮在亥** **陽曆：1979年01月18日戌時生 陰曆：戊午 年12月20日戌時生**		天地紅天 相劫鸞才 陷平 將軍 貫索　62-71　　沐浴 息神　遷移宮　辛酉
廉破左天天 貞軍輔官福喜 平陷 伏兵 天德　02-11　　死 咸池　命宮　乙卯			天天龍三天 機梁池台使 平廟 　忌 奏書 官符　72-81　　冠帶 華蓋　疾厄宮　壬戌
文天蜚 曲月廉 平 大耗 白虎　　　　　病 指背　兄弟宮　甲寅	天鈴地 魁星空 旺得陷 病符 龍德　　　　　衰 天煞　夫妻宮　乙丑	文天封天天截旬 昌姚誥哭虛空空 得 喜神 大耗　　　　　帝旺 災煞　子女宮　甲子	紫七右火天 微殺弼星巫 旺平平 　　科 飛廉 小耗　82-91　　臨官 劫煞　財帛宮　癸亥

B命盤

現在我們只保留P82所述32顆星星，將B命盤簡化成如下精簡的B1命盤：

天祿 府存 得廟 22-31 福德宮 丁巳	天太擎 同陰羊 陷平陷 權 32-41 田宅宮 戊午	武貪天 曲狼鉞 廟廟旺 祿 42-51 官祿宮 己未	太巨天 陽門馬 得廟旺 52-61 僕役宮 庚申
陀 羅 廟 12-21 父母宮 丙辰	命四化〔戊貪陰弼機〕 命宮在卯 身宮在亥		天地 相劫 陷平 62-71 遷移宮 辛酉
廉破左 貞軍輔 平陷 02-11 命宮 乙卯	陽曆：1979年01月18日戌時生 陰曆：戊午年12月20日戌時生		天天 機梁 平廟 忌 72-81 疾厄宮 壬戌
文 曲 平 兄弟宮 甲寅	天鈴地 魁星空 旺得陷 夫妻宮 乙丑	文 昌 得 子女宮 甲子	紫七右火 微殺弼星 旺平平 科 82-91 財帛宮 癸亥

B1命盤

由B1命盤我們可以得知，這位男歌手出生於陰曆「戊午年」，由「戊」這個天可以得知，其四化星分別使得**貪狼化祿**、**太陰化權**、**右弼化科**、**天機化忌**（參照P72）。而貪狼化祿包含的兩顆星星——「貪狼」以及「祿」，恰好落在此男歌手的「官祿宮」位置上。

同樣的太陰化權、右弼化科、天機化忌各自包含的兩顆星星，分別落在此男歌手的「田宅宮」、「財帛宮」、「疾厄宮」的位置上。現在我們先來研究一下這位台灣知名男歌手的一生動產投資運勢。

一生動產投資運勢這樣看

1. 先看看這位知名男歌手之財帛宮的三方四正

看看是否有可能致富的格局？根據可能致富格局的定義，這位知名男歌手之財帛宮三方四正有兩個可能致富的格局，分別是「雙祿朝垣」以及「火貪」。

讀者可以看到「祿」以及「祿存」這兩顆星星，剛好位於此命盤之財帛宮的三方，形成了「雙祿朝垣」的可能致富格局。而「火星」位於此命盤之財帛宮，且「貪狼」位於此命盤之財帛宮三方，故形成了「火貪」的可能致富格局。

更幸運的是**財帛宮的三方四正（財帛宮、福德宮、命宮、官祿宮）**除了「**火星**」之外，沒有其他惡星，而且**財帛宮的三方四正總共匯集了「天府」、「祿存」、「武曲」以及「祿」四顆財**星，因此造就了這位男歌手具備強力吸金的能力。

此外，「火貪」這個格局會使吸金能力突然爆發，故得知這位知名男歌手一生中，必有進財運突然爆發的時候。因此綜合論之，在影響一生動產投資運勢的第一重要因素上，此知名男歌手算是大大得分。

Money Luck

2. 看看財帛宮內是否有財星？是否有益星或惡星？星星的亮度如何？

根據財星的定義，這個命盤的財帛宮並無上述五顆財星（天府、武曲、太陰、祿存、祿）的任何一顆。

而根據益星與惡星的定義，這個命盤的財帛宮有「右弼」以及「科」兩顆益星，但是也有「火星」這顆惡星，但是幸好財帛宮裡有「紫微」與「七殺」這兩顆星星，可以鎮壓住「火星」這顆惡星，使「火星」的凶性因而被抵消了一些，然而「火星」終究是「火星」，這顆星星還是對財帛宮會產生一點壞的影響，使得這位男歌手經常花錢不手軟，且可能有時候在動產投資方面會失利。

另外，根據亮度的定義，財帛宮裡除了「科」與「右弼」兩顆星之外，其他三顆星星的亮度分別為「紫微」的亮度是「旺」、「七殺」的亮度是「平」、「火星」的亮度是「平」，算是差強人意的亮度組合。

故綜合論之，在影響一生動產理財運勢的第二重要因素上，此知名男歌手算是得分多、扣分少。

3. 看看福德宮的星星吉凶如何？

包括看福德宮內是否有財星？是否有益星或惡星？星星亮度如何？這個命盤的福德宮有「天府」以及「祿存」兩顆財星，算是大大加分，其中「天府」的亮度是「得」，也算不錯。

綜合論之，在影響一生動產投資運勢的第三重要因素上，此

知名男歌手算是也大大加分。

4. 看看命宮的星星吉凶如何？

看是否有財星？是否有益星或惡星？星星亮度如何？這個命盤的命宮沒有財星，但是有「左輔」這顆益星，故加了一些分數。而「廉貞」的亮度是「平」、「破軍」的亮度是「陷」，亮度組合算是不佳。

綜合論之，在影響一生動產投資運勢的第四重要因素上，此知名男歌手算是得了一些分數。

5. 看看官祿宮的星星吉凶如何？

看看是否有財星？是否有益星或惡星？星星亮度如何？這個命盤的官祿宮有「武曲」以及「祿」兩顆財星，另外還有「天鉞」這顆益星，算是大大加分，另外，「武曲」的亮度是「廟」、「貪狼」的亮度是「廟」，故亮度組合算是很不錯。

綜合論之，在影響一生動產投資運勢的第五重要因素上，此知名男歌手算是大大得分。

因此，綜合上述五大影響因素，此知名男歌手的一生動產理財運勢總結，算是非常的不錯，應該是進財相當驚人，雖然偶爾動產的投資理財可能會有些虧損，而且花起錢來也很可觀，但是「瑕不掩瑜」，應該都是賠小錢，賺大錢。

範例2　某男主持人之命盤

　　為了讓讀者更熟練，我們再用一位知名男主持人的命盤（C命盤）作為範例來解說。

天相 天鉞 鈴星 孤辰 得旺 飛廉 貫索　　　　絕 亡神 夫妻宮 乙巳	天梁 文曲 天福 龍池 廟 陷 祿 喜神 官符　　　　胎 將星 兄弟宮 丙午	廉貞 七殺 天月 天喜 平 廟 病符 小耗　02-11　養 攀鞍 命宮 丁未	文昌 天馬 天姚 台輔 天虛 鳳閣 天貴 得旺 大耗 大耗　12-21　長生 歲驛 父母宮 戊申
巨門 天刑 封誥 天哭 陷 奏書 喪門　　　　墓 月煞 子女宮 甲辰	命四化〔壬天紫輔武〕 命宮在未 身宮在亥		地空 破碎 天才 廟 伏兵 龍德　22-31　沐浴 息神 福德宮 己酉
紫微 貪狼 右弼 天魁 火星 天空 截空 旺 平 廟 平 權 將軍 晦氣　82-91　死 咸池 財帛宮 癸卯	陽曆：1962年09月26日04時生 陰曆：壬寅年8月28日寅時生		天同 陀羅 天廚 蜚廉 恩光 平 廟 官符 白虎　32-41　冠帶 華蓋 田宅宮 庚戌
天機 太陰 解神 三台 天使 得旺 小耗 歲建　72-81　病 指背 疾厄宮 壬寅	天府 地劫 紅鸞 寡宿 天壽 廟 陷 龍德 病符　62-71　衰 天煞 遷移宮 癸丑	太陽 擎羊 陰煞 八座 天空 天傷 陷 陷 力士 吊客　52-61　帝旺 災煞 僕役宮 壬子	武曲 破軍 左輔 祿存 天巫 平 平 廟 忌 科 博士 天德　42-51　臨官 劫煞 官祿宮 辛亥

C命盤

現在我們同樣只保留P82所述的32顆星星，而將C命盤簡化成如下精簡的C1命盤：

天相 天鉞 鈴星 得旺 **夫妻宮** 乙巳	天梁 文曲 廟陷 ㊕ **兄弟宮** 丙午	廉七 貞殺 平廟 02-11 **命宮** 丁未	文昌 天馬 得旺 12-21 **父母宮** 戊申
巨門 陷 **子女宮** 甲辰	命四化〔壬天紫輔武〕 命宮在未 身宮在亥		地空 廟 22-31 **福德宮** 己酉
紫貪右天火 微狼弼魁星 旺平 廟平 ㊢ 82-91 **財帛宮** 癸卯	陽曆：1962年09月26日04時生 陰曆：壬寅年8月28日寅時生		天陀 同羅 平廟 32-41 **田宅宮** 庚戌
天太 機陰 得旺 72-81 **疾厄宮** 壬寅	天地 府劫 廟陷 62-71 **遷移宮** 癸丑	太擎 陽羊 陷陷 52-61 **僕役宮** 壬子	武破左祿 曲軍輔存 平平 廟 ㊟㊐ 42-51 **官祿宮** 辛亥

C1命盤

由C1命盤可以得知，這位知名男主持人出生於陰曆「壬寅年」，由「壬」這個天干，可以得知，四化星分別使得**天梁化祿、紫微化權、左輔化科、武曲化忌**（參照P72）。而天梁化祿包含的兩顆星星——「天梁」以及「祿」，恰好落在此知名男主持人的「兄弟宮」位置上。

　　同樣的，紫微化權所包含的兩顆星星——「紫微」以及「權」，落在此知名男主持人的「財帛宮」位置上，而左輔化科、武曲化忌所包含的四顆星星——「左輔」、「科」、「武曲」以及「忌」，則落在此知名男主持人的「官祿宮」位置上。

一生動產投資運勢這樣看

　　現在我們就來研究一下這位台灣知名男主持人的一生動產投資運勢。

1. 先看看這位男主持人之財帛宮的三方四正

　　看是否有可能致富的格局？根據可能致富格局的定義，這位男主持人之財帛宮的三方四正（財帛宮、福德宮、命宮、官祿宮），有「火貪」這一個可能致富格局。

　　讀者可以看到「火星」與「貪狼」恰好都位於此命盤之財帛宮，故形成了「火貪」的可能致富格局。

　　前文筆者有說過，「火貪」這個格局會使吸金能力突然爆發，故可推論該名男主持人一生中，必有進財運突然爆發的時候。因此綜合論之，在影響一生動產理財運勢的第一重要因素上，這位知名男主持人算是大大得分。

2. 看看財帛宮的星星吉凶如何？

　　包括看財帛宮內是否有財星？是否有益星或惡星？星星亮度如何？根據財星的定義，這個命盤的財帛宮並無前文所說五顆財星（天府、武曲、太陰、祿存、祿）的任何一顆。

　　而根據益星與惡星的定義，這個命盤的財帛宮有「右弼」、「天魁」以及「權」三顆益星，但是也有「火星」這顆惡星。此外，根據亮度的定義，財帛宮裡除了「權」、「天魁」與「右

弼」這三顆星星之外，其他三顆星星的亮度分別為「紫微」的亮度是「旺」、「貪狼」的亮度是「平」、「火星」的亮度是「平」，算是差強人意的亮度組合。

故綜合論之，在影響一生動產投資運勢的第二重要因素上，此知名男主持人算是得分多、扣分少。

3. 看看福德宮的星星吉凶如何？

包括看福德宮內是否有財星？是否有益星或惡星？星星亮度如何？這個命盤的福德宮沒有財星也沒有益星，而只有「地空」這一顆惡星，雖然「地空」的亮度是「廟」，所以稍微可以減低「地空」的凶性，但是福德宮整體吉凶總結仍然算是大大扣分。

綜合論之，在影響一生動產投資運勢的第三重要因素上，此知名男主持人算是大大扣分。

4. 看看命宮的星星吉凶如何？

看看是否有財星？是否有益星或惡星？星星亮度如何？這個命盤的命宮沒有財星，沒有益星，也沒有惡星。其中，「廉貞」的亮度是「平」、「七殺」的亮度是「廟」，在亮度組合方面，算是OK。

綜合論之，在影響一生動產投資運勢的第四重要因素上，此知名男主持人算是得了一點分數。

5. 看看官祿宮的星星吉凶如何？

看看是否有財星？是否有益星或惡星？星星亮度如何？這個命盤的官祿宮有「武曲」以及「祿存」兩顆財星，另外還有「左

輔」、「科」這兩顆益星，算是加分不少，只可惜官祿宮也有「忌」這顆惡星，因此也扣了不少分數。另外，「武曲」的亮度是「平」、「破軍」的亮度是「平」，在亮度組合方面，算是不大好。

綜合論之，在影響一生動產投資運勢的第五重要因素上，此知名男主持人算是得分不少，但是也扣分不少。

因此，綜合上述五大影響因素，這名知名男主持人的一生動產投資運勢，算是有吉有凶，應該是進財相當驚人，但是由於財帛宮三方四正共匯集了「火星」、「地空」以及「忌」三大惡星，因此除了花起錢來相當驚人之外，動產的理財投資也會發生不少虧損，另外，倘若創業當老闆，恐怕失敗的機率也相當高。

若將上述兩個範例命盤作一個比較，當可發現知名男主持人與知名男歌手兩人，都是一生進財相當驚人的幸運兒，然而由於知名男歌手的命盤（B1命盤）中，財帛宮的三方四正只有一顆惡星——「火星」，而知名男主持人的命盤（C1命盤）中，財帛宮的三方四正則有三顆惡星——「火星」、「地空」、「忌」，故在進行動產投資或創業當老闆的時候，知名男主持人比較容易發生虧損。

讀者了解以上內容之後，可以試著拿自己的命盤算看看自己的一生動產投資運勢如何？

影響一生不動產投資運勢的因素

現在我們再來研究一下一生不動產投資運勢要如何簡易判斷。

下列表格為一生不動產投資運勢吉凶的判斷方法，以下將根據下列表格，詳細說明如何判斷一生不動產投資運勢吉凶。

● 影響一生不動產投資運勢的因素

第一因素	田宅宮三方四正的星星是否組合成好格局
第二因素	田宅宮的星星吉凶如何
第三因素	子女宮的星星吉凶如何
第四因素	兄弟宮的星星吉凶如何
第五因素	疾厄宮的星星吉凶如何

★ 因素1：田宅宮三方四正的星星是否組合成好格局

影響一生不動產投資運勢是吉？是凶？最重要的因素是田宅宮三方四正的星星，是否有組合成可能致富的格局？若有，則恭喜您，一生不動產理財運勢總結，進財運不錯的機率很高，若不要失財過多，則有致富的可能。

所謂田宅宮的三方，指的是子女宮、兄弟宮、以及疾厄宮

等三個宮，這三個宮再加上田宅宮本身，合稱為田宅宮的三方四正。

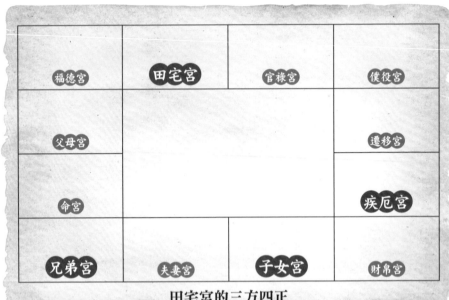

田宅宮的三方四正

關於可能致富的格局，筆者以下列舉兩種最知名的格局，給各位讀者參閱，這兩個格局分別為「**日月照璧**」以及「**祿存守田**」，其中「祿存守田」這個用語，是筆者自己命名的名稱，古書指的是田宅宮裡有「祿存」這顆星星而言。上述可能致富的格局，現在說明如下：

1.「日月照璧」格局：

　　田宅宮內同時有「**太陽**」以及「**太陰**」這兩顆星星，則構成「日月照璧」格局，如下圖所示。

日月照璧格局

		太太 陽陰 田宅宮	
父母宮	福德宮	田宅宮	官祿宮
命宮			僕役宮
兄弟宮			遷移宮
夫妻宮	子女宮	財帛宮	疾厄宮

2.「祿存守田」格局：

　　田宅宮內有「**祿存**」這顆星星，且沒有「**忌**」這顆星星，則構成「祿存守田」格局，如下面圖示。

祿存守田格局

福德宮	祿存 田宅宮	官祿宮	僕役宮
父母宮			遷移宮
命宮			疾厄宮
兄弟宮	夫妻宮	子女宮	財帛宮

　　介紹完了影響一生不動產投資運勢吉凶的第一重要因素之後，在此要提醒讀者，田宅宮的三方四正若有上述格局，只是有可能致富，但是不一定會致富。倘若要致富，田宅宮的三方四正，還需要有一些財星與益星進駐，且不可以有其他惡星進駐。

　　若田宅宮的三方四正（田宅宮、子女宮、兄弟宮、疾厄宮），有一顆惡星，有時候因為這顆惡星失財的額度，會使人因此無法致富；而田宅宮的三方四正，若有很多顆惡星，有時候失財的額度，會使人因此變窮或甚至破產。因此推斷一生不動產投資運勢吉凶，還需要考慮P121表格中所列的其他影響因素。

因素2：田宅宮內的星星吉凶如何？

影響一生不動產投資運勢吉凶，第二重要的因素是田宅宮內的星星吉凶如何？主要是看田宅宮內是否有財星（天府、武曲、太陰、祿存、祿）？是否有益星（左輔、右弼、天魁、天鉞、文昌、文曲、權、科）或惡星（擎羊、陀羅、火星、鈴星、地空、地劫、忌）？星星亮度如何？

財星與益星越多，進財機率越高，因此一生不動產投資運勢總結，通常越好；惡星越多，將提高失財機率，因此一生不動產投資運勢總結，通常越差。而星星亮度越亮，對一生不動產投資運勢越有正面的效益，大抵上來說，亮度要廟或旺為佳；而星星亮度越暗，對一生不動產投資運勢越有負面的效益，大抵上來說，亮度若為平或陷，那就不太妙啦。

假若您有兩顆或兩顆以上的惡星在田宅宮，那麼奉勸閣下一生中，若有進行不動產投資或經營以不動產為主的事業，要多加謹慎小心。

 因素3：子女宮的星星吉凶如何？

影響一生不動產投資運勢吉凶的第三重要因素，是子女宮的星星吉凶如何？主要是看子女宮內是否有財星？是否有益星或惡星？星星亮度如何？判斷準則，與前面所述第二重要因素相同。

因素4：兄弟宮裡面的星星吉凶如何？

影響一生不動產投資運勢吉凶的第四重要因素，是兄弟宮裡面的星星吉凶如何？主要是看兄弟宮內是否有財星？是否有益星或惡星？星星亮度如何？判斷準則，同樣與前面所述第二重要因素相同。

第四因素與接下來的第五因素對於一生不動產理財運勢吉凶的影響力差不多，但是若將這第四與第五因素對一生不動產理財運勢的影響力加起來，則可以與第三重要因素對一生不動產理財運勢的影響力相提並論，甚且還會超過第三重要因素對一生不動產理財運勢的影響力。

因素5：疾厄宮裡面的星星吉凶如何？

影響一生不動產投資運勢吉凶的第五因素，是疾厄宮裡面的星星吉凶如何？主要是看疾厄宮內是否有財星？是否有益星或惡星？星星亮度如何？判斷準則，同樣與前面所述第二重要因素相同。

讀者了解上述內容之後，可以拿自己的命盤，算看看自己的一生不動產理財運勢如何？

現在我們再來根據B1命盤，研究一下前面那位台灣知名男歌手的一生不動產投資運勢。

天府 得	祿存 廟	天同 陷	太陰 平 權	擎羊 陷	武曲 廟	貪狼 廟 祿	天鉞 旺	太陽 得	巨門 廟	天馬 旺

位於表格的宮位資訊以下方式呈現：

天府得 **祿存**廟 22-31 福德宮　丁巳	**天同**陷 **太陰**平權 **擎羊**陷 32-41 田宅宮　戊午	**武曲**廟 **貪狼**廟祿 **天鉞**旺 42-51 官祿宮　己未	**太陽**得 **巨門**廟 **天馬**旺 52-61 僕役宮　庚申
陀羅廟 12-21 父母宮　丙辰	命四化〔戊貪陰弼機〕	**命宮在卯** **身宮在亥** **天相**陷 **地劫**平 62-71 遷移宮　辛酉	
廉貞平 **破軍**陷 **左輔** 02-11 命宮　乙卯	陽曆：1979年01月18日戌時生 陰曆：戊午年12月20日戌時生	**天機**平忌 **天梁**廟 72-81 疾厄宮　壬戌	
文曲平 兄弟宮　甲寅	**天魁**旺 **鈴星**得 **地空**陷 夫妻宮　乙丑	**文昌**得 子女宮　甲子	**紫微**旺 **七殺**平 **右弼**平 **火星**平科 82-91 財帛宮　癸亥

B1命盤

一生不動產投資運勢這樣看

1. 先看看這位知名男歌手之田宅宮的三方四正

　　看是否有可能致富的格局？根據可能致富格局的定義，這位知名男歌手並沒有上述可能致富的格局（「日月照璧」格局、「祿存守田」格局），因此在影響一生不動產投資運勢的第一重要因素上，此知名男歌手並沒有得分。

2. 看看田宅宮的星星吉凶如何？

　　包括看田宅宮內是否有財星（天府、武曲、太陰、祿存、祿）？是否有益星或惡星？田宅宮裡的星星亮度如何？

　　根據財星的定義，這個命盤的田宅宮有「太陰」這顆財星。而根據益星與惡星的定義，這個命盤的田宅宮有「權」這顆益星，但是也有「擎羊」這顆惡星。此外，根據亮度的定義，田宅宮裡除了「權」這顆星星之外，其他三顆星星的亮度分別為「天同」的亮度是「陷」、「太陰」的亮度是「平」、「擎羊」的亮度是「陷」，都算是不太好的亮度。

　　綜合論之，在影響一生不動產理財運勢的第二重要因素上，此知名男歌手算是加分多、扣分少。

3. 看看子女宮的星星吉凶如何？

　　包括看子女宮內是否有財星？是否有益星或惡星？星星亮度如何？這個命盤的子女宮有「文昌」這顆益星，算是加分，且亮

度是「得」，算是不錯。

綜合論之，在影響一生不動產投資運勢的第三重要因素上，此知名男歌手算是也加了一些分數。

4. 看看兄弟宮的星星吉凶如何？

看是否有財星？是否有益星或惡星？星星亮度如何？這個命盤的兄弟宮有「文曲」這顆益星，雖然亮度是「平」，算是不太好的亮度，但是還是算加分。

綜合論之，在影響一生不動產投資運勢的第四因素上，此知名男歌手也加了一些分。

5. 看看疾厄宮的星星吉凶如何？

是否有財星？是否有益星或惡星？星星亮度如何？這個命盤的疾厄宮有「忌」這顆惡星，算是扣分，另外，「天機」的亮度是「平」、「天梁」的亮度是「廟」，亮度算還OK。

綜合論之，在影響一生不動產投資運勢第五因素，此知名男歌手算是扣了一些分數。

因此，綜上所述，此知名男歌手的一生不動產投資運勢總結，算是還不錯，雖然投資不動產可能有時候會有一些虧損或者不順，但應該大多都會獲利。

範例2　某男主持人的命盤

　　現在我們再來根據前面C1命盤，研究一下前面那位知名男主持人的一生不動產投資運勢。

天天鈴 相鉞星 得　旺 **夫妻宮** 乙巳	天文 梁曲 廟陷 祿 **兄弟宮** 丙午	廉七 貞殺 平廟 02-11 **命宮** 丁未	文天 昌馬 得　旺 12-21 **父母宮** 戊申
巨 門 陷 **子女宮** 甲辰	命四化〔壬天紫輔武〕 　　　　　命宮在未 　　　　　身宮在亥		地 空 廟 22-31 **福德宮** 己酉
紫貪右天火 微狼弼魁星 旺平　廟平 權 82-91 **財帛宮** 癸卯	陽曆：1962年09月26日04時生 陰曆：壬寅年8月28日寅時生		天陀 同羅 平廟 32-41 **田宅宮** 庚戌
天太 機陰 得旺 72-81 **疾厄宮** 壬寅	天地 府劫 廟陷 62-71 **遷移宮** 癸丑	太擎 陽羊 陷陷 52-61 **僕役宮** 壬子	武破左祿 曲軍輔存 平平　廟 忌　科 42-51 **官祿宮** 辛亥

C1命盤

Money Luck

一生不動產投資運勢這樣看

1. 先看看這位知名男主持人之田宅宮的三方四正

看是否有可能致富的格局？根據可能致富格局的定義來看，C1這個命盤的田宅宮是坐落在「戌宮」，並沒有形成可能致富的格局。

綜合論之，在影響一生不動產投資運勢的第一因素上，此知名男主持人並沒有得分。

2. 看看田宅宮的星星吉凶如何？

包括看田宅宮內是否有財星？是否有益星或惡星？星星亮度如何？根據財星的定義，C1這個命盤的田宅宮並沒有財星。

而根據益星與惡星的定義，這個命盤的田宅宮有「陀羅」這顆惡星，而這顆惡星對田宅宮會產生壞的影響，算是扣分不少。此外，根據亮度的定義，田宅宮裡兩顆星星的亮度，分別為「天同」的亮度是「平」、「陀羅」的亮度是「廟」，亮度組合還算好。

綜合論之，在影響一生不動產投資運勢的第二因素上，此知名男主持人算是扣分不少。

3. 看看子女宮的星星吉凶如何？

包括看子女宮內是否有財星？是否有益星或惡星？星星亮度如何？這個命盤的子女宮沒有財星，沒有益星，也沒有惡星，只

有「巨門」這顆星星，而亮度是「陷」，算是扣了一點分數。

綜合論之，在影響一生不動產理財運勢的第三因素上，此知名男主持人算是扣了一些分數。

4. 看看兄弟宮的星星吉凶如何？

是否有財星？是否有益星或惡星？星星亮度如何？這個命盤的兄弟宮有「祿」這顆財星，也有「文曲」這顆益星，所以加了不少分數。此外，「天梁」的亮度是「廟」、「文曲」的亮度是「陷」，亮度組合算OK。

綜合論之，在影響一生不動產投資運勢的第四因素上，此知名男主持人算是加了不少分數。

5. 看看疾厄宮的星星吉凶如何？

是否有財星？是否有益星或惡星？星星亮度如何？這個命盤的疾厄宮有「太陰」這顆財星，因此算是加了不少分數。此外，「天機」的亮度是「得」、「太陰」的亮度是「旺」，亮度組合算不錯。

綜合論之，在影響一生不動產理財運勢第五因素上，此知名男主持人算是加了不少分數。

因此，綜上所述，此知名男主持人的一生不動產投資運勢總結，算是不太OK，即使某些時期擁有許多不動產，但是一生投資不動產，可能有時候會有一些虧損或者因為某些原因而落入他人名下。

現在，您應該已經會推算一生投資理財運勢了，不過一生投

資理財運勢的結果，指的是一個人終其一生的投資理財運勢總結果，因此有的人雖然一生投資運勢總結果很好，但是卻屬於「先苦後甘」的類型，也就是說早期投資處處不順，中年甚至接近晚年才突然投資運爆發。

然而，有的人雖然一生理財運勢總結果很不好，但是卻屬於「先甘後苦」的類型，也就是說早期投資處處順利，但是中年甚至接近晚年才突然投資虧損連連。因此，讀者有必要知道自己某個時期的投資運到底狀況如何，究竟是適合投資動產？還是投資不動產？以便趨吉避凶，順運而賺。

那麼，如何快速推算某個十年大限之投資理財運勢？請看第三章──「快速推算十年投資理財運勢」。

快速推算
十年投資理財運勢

Money Luck

財運　一生　十年　某年　某月

某月

某日

讀者看完了前面所述的內容之後，當可大概推算自己的一生投資理財運勢總結，然而人生運勢起起伏伏，所謂「十年河東、十年河西」，人生運勢每十年就可能會起變化，理財運勢當然也是如此。

由「紫微斗數」命盤除了可以看出一生投資理財運勢的總結果之外，也可以看出某個十年的投資理財運勢總結果，某一個十年大限投資運勢的吉凶，將會總結出您這十年的投資運勢。

通常一生動產投資運勢好的人，適合進行動產投資，他們獲利的機率很大，但是仍然需要謹慎觀察每個十年大限動產投資運勢的吉凶，因為並非每個十年大限的動產投資結果都是如此好運。如果您是屬於這種人，那麼若是遇到您某個十年大限，動產投資運勢很好，那麼請好好把握這十年，因為這個十年大限中，若您有進行動產方面的投資像是買股票、買基金之類的，通常會獲利不少。

相反地，一生動產投資運勢不好的人，自然是不適合進行動產方面的投資，因為這種人若有從事動產投資，虧損的機率比較大，但是仍然可以謹慎觀察每個十年大限在動產投資運勢方面的吉凶，因為並非每個十年大限的動產投資結果都是如此壞運。如果您是屬於這種人，那麼若遇到您某個十年大限，動產理財運勢也不好，那麼請千萬要小心謹慎，因為這個十年大限中，若您有進行任何動產投資，通常會虧損不少。

至於一生不動產投資運勢好的人，就很適合進行不動產投

資，因為他們投資不動產獲利的機率很大，但是仍然需要謹慎觀察每個十年大限在不動產投資運勢方面的吉凶，原因是並非每個十年大限的不動產投資運勢都是好的。所以如果您是屬於這種人，那麼若遇到您某個十年大限，不動產理財運勢也很不錯，那麼請好好把握這十年，因為這個十年大限中，若有投資不動產，通常會獲利不少。

而通常一生不動產投資運勢不好的人，並不適合進行不動產投資，因為他們若從事不動產方面的投資，虧損的機率較大，但是仍然需要謹慎觀察每個十年大限不動產投資運勢的吉凶，因為並非每個十年大限的不動產投資結果都是如此壞運。所以如果您是屬於這種人，那麼若遇到您某個十年大限，不動產理財運勢並不好，請千萬要小心謹慎，因為這個十年大限中，若您有不動產方面的投資，通常會虧損不少。

如果你想要知道自己的某個十年大限投資理財運勢如何，首先必須先了解一些基本概念，現在請您再拿出自己的命盤，邊聽筆者一一解說。

請先看您「紫微斗數」命盤中的每個宮格內，會有一行數字，可能是2～11、13～22、26～35、34～43、45～54、……等等，假設您命盤中的夫妻宮有一行數字寫著25～34，那麼，如果您想要了解您25～34歲這十年的投資理財運勢，您必須先將夫妻宮當成您這十年（25～34歲）大限的命宮（在此稱為大限命宮）。

因此，子女宮必須當成您這十年（25～34歲）大限的兄弟宮（在此稱為大限兄弟宮），而財帛宮、疾厄宮、遷移宮、僕役宮、官祿宮、田宅宮、福德宮、父母宮、命宮、兄弟宮，這十個宮分別依序當成您這十年（25～34歲）大限的夫妻宮（在此稱為大限夫妻宮）、子女宮（在此稱為大限子女宮）、財帛宮（在此稱為大限財帛宮）、疾厄宮（在此稱為大限疾厄宮）、遷移宮（在此稱為大限遷移宮）、僕役宮（在此稱為大限僕役宮）、官祿宮（在此稱為大限官祿宮）、田宅宮（在此稱為大限田宅宮）、福德宮（在此稱為大限福德宮）、父母宮（在此稱為大限父母宮）。如下圖所示——

					大限官祿宮	大限僕役宮	大限遷移宮	大限疾厄宮
福德宮	田宅宮	官祿宮	僕役宮		福德宮	田宅宮	官祿宮	僕役宮
					大限田宅宮			大限財帛宮
父母宮			遷移宮		父母宮			遷移宮
					大限福德宮			大限子女宮
命宮			疾厄宮		命宮			疾厄宮
	25-34				大限父母宮	大限命宮	大限兄弟宮	大限夫妻宮
兄弟宮	夫妻宮	子女宮	財帛宮		兄弟宮	夫妻宮	子女宮	財帛宮

以夫妻宮為25~34歲的大限命宮，依逆時鐘方向依序〈兄弟宮→夫妻宮→子女宮→財帛宮→疾厄宮→遷移宮→僕役宮→官祿宮→田宅宮→福德宮→父母宮〉定出其他大限宮位。

在此要注意的是，「紫微斗數」在計算年齡時，所使用的方法是以「虛歲」以及「陰曆年」為準。例如：有一個小孩出生在某一個陰曆年的五月，那麼根據「紫微斗數」對年齡的定義，這個小孩出生時就算是一歲，而下一個陰曆年的陰曆1月1日（也就是大年初一）到陰曆年的12月的最後一天（也就是陰曆年所謂的除夕）這段期間，這個小孩算是兩歲。當然囉！再下一個陰曆年的陰曆1月1日到陰曆年除夕的這段期間，這個小孩就算是三歲。

在第二章筆者曾經說過，「紫微斗數」由於有許多派系，而每個派系內又有一些歧異的觀點，因此為了讓讀者簡易判斷，筆者提供一種比較簡單的判斷準則，讓讀者可以簡單判斷一生理財的運勢結果，雖然這種判斷方法，會因比較簡略，導致準確度會有點降低，但大致來說，除了一些比較特殊的命盤之外，通常所得到的準確度應該已經不差了！

當然，現在要判斷某個十年大限的理財運勢結果，「紫微斗數」各派名家的看法更為分歧，然而筆者經過多年累積的實戰經驗與心得，在此同樣提供一種比較簡單的判斷準則，讓讀者可以簡單判斷某個十年大限投資運勢的結果，雖然這種判斷方法，同樣會因為比較簡略，導致準確度會有點降低，但大致來說除了一些比較特殊的命盤之外，通常所得到的準確度也應該不差！

筆者提供的簡單判斷準則，除了必須知道前面所述32顆「紫微斗數」定義的星星分布在哪裡之外，還需要知道四顆星星。

這四顆星星就是所謂大限的四化星：**大限祿星**（在此簡稱為

「**限祿**」）、**大限權星**（在此簡稱為「**限權**」）、**大限科星**（在此簡稱為「**限科**」）、**大限忌星**（在此簡稱為「**限忌**」），為了與前面論斷一生投資理財運勢時所述的四化星做一明顯區隔，現在將前面論斷一生投資理財運勢時所述的四化星——「祿」、「權」、「科」、「忌」，分別稱之為本命祿星（在此簡稱為「本祿」）、本命權星（在此簡稱為「本權」）、本命科星（在此簡稱為「本科」）、本命忌星（在此簡稱為「本忌」）。

在判斷某個十年大限投資運勢的結果，這四顆大限化星的性質與「本祿」、「本權」、「本科」、「本忌」這四顆化星相同，然而其重要性比「本祿」、「本權」、「本科」、「本忌」這四顆化星還要更重要。

其中，「限祿」是財星，與前面所述的「本祿」相比，對於某個十年大限投資運勢的加分更大。而「限權」與「限科」都屬於益星，與前面所述的「本權」與「本科」相比，對於某個十年大限投資運勢的加分更大。至於「限忌」，則是惡星，與前面所述的「本忌」相比，對於某個十年大限投資運勢的扣分也就更大。下表為此36顆星星的吉凶分類。

● 36顆「紫微斗數」星星的簡易分類表

財星類（最吉）	天府、武曲、太陰、祿存、本祿、限祿。
益星類（次吉）	左輔、右弼、天魁、天鉞、文昌、文曲、本權、本科、限權、限科。
惡星類（兇）	擎羊、陀羅、火星、鈴星、地空、地劫、本忌、限忌。
中性星類	紫微、廉貞、天相、七殺、破軍、貪狼、天機、天同、天梁、太陽、巨門、天馬。

　　前面所述的四顆大限化星到底「花落何處」，則必須根據大限命宮上面的某個「天干資訊」推算得知。

十年動產投資運勢這樣看

　　那麼我們要如何分析某個十年大限的動產投資之總體運勢呢？分析某個大限動產投資運勢與前面所述一生動產投資運勢分析類似。除了需要看這十年大限的大限財帛宮之外，還必須看這十年大限的大限福德宮、這十年大限的大限命宮、以及這十年大限的大限官祿宮這三個宮，而這三個宮就是「紫微斗數」所謂的大限財帛宮之三方，此三個宮再加上大限財帛宮本身，共有四個宮，則稱之為大限財帛宮的三方四正。

大限福德宮	大限田宅宮	大限官祿宮	大限僕役宮
大限父母宮			大限遷移宮
大限命宮			大限疾厄宮
大限兄弟宮	大限夫妻宮	大限子女宮	大限財帛宮

大限財帛宮的三方四正

　　現在我們再來根據B1命盤，研究一下前面那位台灣知名男歌手的十年大限動產投資運勢。

天祿 府存 得廟 22-31 福德宮 丁巳	天太擎 同陰羊 陷平陷 ⟨權⟩ 32-41 田宅宮 戊午	武貪天 曲狼鉞 廟廟旺 ⟨祿⟩ 42-51 官祿宮 己未	太巨天 陽門馬 得廟旺 52-61 僕役宮 庚申
陀 羅 廟 12-21 父母宮 丙辰	命四化〔戊貪陰弼機〕 命宮在卯 身宮在亥		天地 相劫 陷平 62-71 遷移宮 辛酉
廉破左 貞軍輔 平陷 02-11 命宮 乙卯	陽曆：1979年01月18日戌時生 陰曆：戊午年12月20日戌時生		天天 機梁 平廟 ⟨忌⟩ 72-81 疾厄宮 壬戌
文 曲 平 兄弟宮 甲寅	天鈴地 魁星空 旺得陷 夫妻宮 乙丑	文 昌 得 子女宮 甲子	紫七右火 微殺弼星 旺平平 ⟨科⟩ 82-91 財帛宮 癸亥

B1命盤

首先，根據B1命盤，我們先排出這位知名男歌手12～21歲的大限命盤。根據前文所述，12～21歲這個大限的命宮（也就是大限命宮）應該落在原來命盤的「父母宮」位置，而此大限命宮所在的宮格內有一個文字～**「丙辰」，這個就是前面所述決定大限化星到底「花落何處」的「天干資訊」**。由「丙」這個天干，可以得知，此「丙辰」大限的大限四化星，分別使得**天同大限化祿、天機大限化權、文昌大限化科、廉貞大限化忌**（參照P72）。

　　所謂的天同大限化祿包含兩顆星星——「天同」以及「限祿」。同樣的天機大限化權包含兩顆星星——「天機」以及「限權」，而文昌大限化科包含兩顆星星——「文昌」以及「限科」，廉貞大限化忌包含兩顆星星——「廉貞」以及「限忌」。

　　現在我們將排出的12～21歲的這個大限命盤列示於下頁，並且稱之為B2命盤，而在B2命盤中，為了與這四顆大限化星——「限祿」、「限權」、「限科」、「限忌」做區隔，原命盤中的四化星——「祿」、「權」、「科」、「忌」，分別簡記為「本祿」、「本權」、「本科」、「本忌」。

Money Luck

天祿 府存 得廟 **大限父母宮**	天太擎 同陰羊 陷平陷 限本 祿權 **大限福德宮**	武貪天 曲狼鉞 廟廟旺 本 祿 **大限田宅宮**	太巨天 陽門馬 得廟旺 **大限官祿宮**
陀 羅 廟 12-21 **大限命宮**	命四化〔戊貪陰弼機〕 丙辰大限四化〔丙同機昌廉〕 命宮在卯 身宮在亥		天地 相劫 陷平 **大限僕役宮**
廉破左 貞軍輔 平陷 限 忌 **大限兄弟宮**	陽曆：1979年01月18日戊時生 陰曆：戊午年12月20日戊時生		天天 機梁 平廟 本 忌 限 權 **大限遷移宮**
文 曲 平 **大限夫妻宮**	天鈴地 魁星空 旺得陷 **大限子女宮**	文 昌 得 限 科 **大限財帛宮**	紫七右火 微殺弼星 旺平平 本 科 **大限疾厄宮**

B2命盤

由於在台灣社會中，大部分的人在12～21歲的這段時間，應該大部分時間都在求學，頂多只有在後面幾年，才可能會進入職場工作，這位男歌手也不例外，此外，由B2命盤可以看出，這位男歌手12～21歲的大限財帛宮之三方四正（大限財帛宮、大限福德宮、大限命宮、大限官祿宮）並沒有特別亮眼，故仍屬於蓄勢待發的狀態，要等到22～31歲這個大限，才會開始大鳴大放。

★ 範例2：某男歌手22～31歲的動產投資運勢

　　現在就讓我們再來看看22～31歲這個大限，他是如何能夠突然爆發。

　　首先，根據B1命盤，我們先排出這位知名男歌手22～31歲的大限命盤。

天祿 府存 得廟 22-31 福德宮 丁巳	天太擎 同陰羊 陷平陷 㩲 32-41 田宅宮 戊午	武貪天 曲狼鉞 廟廟旺 祿 42-51 官祿宮 己未	太巨天 陽門馬 得廟旺 52-61 僕役宮 庚申
陀 羅 廟 12-21 父母宮 丙辰	命四化〔戊貪陰弼機〕 陽曆：1979年01月18日戌時生 陰曆：戊午年12月20日戌時生	命宮在卯 身宮在亥	天地 相劫 陷平 62-71 遷移宮 辛酉
廉破左 貞軍輔 平陷			天天 機梁 平廟 忌
02-11 命宮 乙卯			72-81 疾厄宮 壬戌
文 曲 平 兄弟宮 甲寅	天鈴地 魁星空 旺得陷 夫妻宮 乙丑	文 昌 得 子女宮 甲子	紫七右火 微殺弼星 旺平平 科 82-91 財帛宮 癸亥

B1命盤

根據前面所述，22～31歲這個大限的命宮（也就是大限命宮）應該落在原來B1命盤的「福德宮」位置，而此大限命宮所在的宮格內有一個文字——「丁巳」，這個就是前面所述決定大限化星到底「花落何處」的「天干資訊」。**那麼由「丁」這個天干，可以得知，此「丁巳」大限的大限四化星，分別使得太陰大限化祿、天同大限化權、天機大限化科、巨門大限化忌。**（請參考P72）

　　所謂的太陰大限化祿包含兩顆星星——「太陰」以及「限祿」。同樣的天同大限化權包含兩顆星星——「天同」以及「限權」，而天機大限化科包含兩顆星星——「天機」以及「限科」，巨門大限化忌包含兩顆星星——「巨門」以及「限忌」。

　　現在我們將排出的22～31歲的這個大限命盤列示於下面，並且稱之為B3命盤。

天祿 府存 得廟 22-31 大限命宮	天太擎 同陰羊 陷平陷 限本 權權 限 祿 大限父母宮	武貪天 曲狼鉞 廟廟旺 本 祿 大限福德宮	太巨天 陽門馬 得廟旺 限 忌 大限田宅宮
陀 羅 廟 大限兄弟宮	命四化〔戊貪陰弼機〕 丁巳大限四化〔丁陰同機巨〕 　　　　　命宮在卯 　　　　　身宮在亥		天地 相劫 陷平 大限官祿宮
廉破左 貞軍輔 平陷 大限夫妻宮	陽曆：1979年01月18日戌時生 陰曆：戊午年12月20日戌時生		天天 機梁 平廟 本 忌 限 科 大限僕役宮
文 曲 平 大限子女宮	天鈴地 魁星空 旺得陷 大限財帛宮	文 昌 得 大限疾厄宮	紫七右火 微殺弼星 旺平平平 本 科 大限遷移宮

B3命盤

根據B3命盤，我們就來分析這個男歌手在22～31歲這個大限中，為何會突然爆發。分析大限動產投資運勢與前面所述一生動產投資運勢分析類似，請參閱下表。

🔵 影響大限動產投資運勢的因素

第一重要因素 ←	➤ 大限財帛宮三方四正是否組合成可能致富格局
第二重要因素 ←	➤ 大限財帛宮的星星吉凶如何
第三重要因素 ←	➤ 大限福德宮的星星吉凶如何
第四重要因素 ←	➤ 大限命宮的星星吉凶如何
第五重要因素 ←	➤ 大限官祿宮的星星吉凶如何

第一，大限財帛宮三方四正是否組成可能致富格局

先看看這位知名男歌手在22～31歲這個大限之財帛宮的三方四正（大限財帛宮、大限福德宮、大限命宮、大限官祿宮）是否有可能致富的格局？

根據可能致富格局的定義，22～31歲這個大限之財帛宮的三方四正有兩個可能致富的格局，分別是「雙祿朝垣」以及「鈴貪」。

讀者可以看到「**本祿**」以及「**祿存**」這兩顆星星，剛好位於這個大限之財帛宮的三方，形成了「雙祿朝垣」的可能致富格局。而「**鈴星**」位於這個大限之財帛宮，且「**貪狼**」位於這個大限之財帛宮三方，故形成了「鈴貪」的可能致富格局。

雖然這個十年大限之財帛宮三方四正，也有「**地空**」與「**地劫**」兩顆惡星，使得這兩個可能致富格局受到一些干擾，然而幸運的是大限財帛宮的三方四正總共匯集了「**天府**」、「**祿存**」、「**武曲**」以及「**本祿**」四顆財星，因此仍然造就了這位男歌手在22～31歲這個十年大限中，強力吸金，財源滾滾而來。

此外，「鈴貪」這個格局與前面所提的「火貪」格局一樣，吸金能力會突然爆發，故前面有提到這位男歌手一生中必有進財運突然爆發的時候，而第一次爆發就會在22～31歲這十年。

因此綜合論之，在影響大限動產投資運勢的第一重要因素上，這位知名男歌手算是大大得分。

第二，看看大限財帛宮的星星吉凶如何？

包括看大限財帛宮是否有財星？是否有益星或惡星？星星亮度如何？

根據財星（天府、武曲、太陰、祿存、本祿、限祿）的定義，這個大限的財帛宮並無上述財星的任何一顆。而根據益星與惡星的定義，這個大限的財帛宮有「天魁」這顆益星，但是也有「鈴星」與「地空」兩顆惡星。此外，根據亮度的定義，大限財帛宮裡，「鈴星」的亮度是「得」、「地空」的亮度是「陷」，算是差強人意的亮度組合。

故綜合論之，在影響大限動產投資運勢的第二重要因素上，此知名男歌手算是算是得分不多，而扣分不少，故有時候會損失一些錢財。

第三，看看大限福德宮的星星吉凶如何？

包括看大限福德宮內是否有財星？是否有益星或惡星？星星亮度如何？

這個命盤的大限福德宮有「武曲」以及「本祿」兩顆財星，又有「天鉞」這顆益星，算是大大加分，且「武曲」與「貪狼」的亮度都是「廟」，算是相當不錯。

綜合論之，在影響大限動產理財運勢的第三重要因素上，這位知名男歌手可以說是大大加分。

第四，看看大限命宮的星星吉凶如何？

是否有財星？是否有益星或惡星？星星亮度如何？這個十年大限的大限命宮有「天府」與「祿存」兩顆財星，算是大大加分，且「天府」的亮度為「得」，也還算OK。

因此綜合論之，在影響大限動產理財運勢的第四重要因素上，此知名男歌手算是大大加分。

第五，看看大限官祿宮的星星吉凶如何？

是否有財星？是否有益星或惡星？星星亮度如何？這個十年大限的大限官祿宮有「地劫」這顆惡星，算是扣分不少，此外，大限官祿宮裡的「天相」之亮度為「陷」、「地劫」的亮度是「平」，故亮度算不佳。

因此綜合論之，在影響大限動產投資運勢的第五重要因素上，此知名男歌手算是扣分不少。

因此，綜合上述五大影響因素，此知名男歌手的22～31歲

這十年大限動產投資運勢，相當不錯，應該是進財相當驚人，而且屬於突然爆發性質，不過動產理財投資可能有時也會虧損不少，但是虧損的額度與進財的額度相比，算是小意思，所以22～31歲這十年大限應該可以累積相當多的財富。

 範例3：某主持人12～22歲動產投資運勢

現在我們再來根據前面C1命盤，研究一下前面那位台灣知名男主持人的十年大限動產投資運勢。

天天鈴 相鉞星 得旺 夫妻宮　乙巳	天文 梁曲 廟陷 祿 兄弟宮　丙午	廉七 貞殺 平廟 02-11 命宮　丁未	文天 昌馬 得旺 12-21 父母宮　戊申
巨 門 陷 子女宮　甲辰	命四化〔壬天紫輔武〕 命宮在未 身宮在亥		地 空 廟 22-31 福德宮　己酉
紫貪右天火 微狼弼魁星 旺平　廟平 權 82-91 財帛宮　癸卯	陽曆：1962年09月26日04時生 陰曆：壬寅年8月28日寅時生		天陀 同羅 平廟 32-41 田宅宮　庚戌
天太 機陰 得旺 72-81 疾厄宮　壬寅	天地 府劫 廟陷 62-71 遷移宮　癸丑	太擎 陽羊 陷陷 52-61 僕役宮　壬子	武破左祿 曲軍輔存 平平　廟 忌　　科 42-51 官祿宮　辛亥

C1命盤

Money Luck

首先，根據C1命盤，我們先排出這位知名男主持人12～21歲的大限命盤。根據前面所述，12～21歲這個大限的命宮（也就是大限命宮）應該落在原來命盤的「父母宮」位置，而此大限命宮所在的宮格內有一個文字——「**戊申**」，這個就是前面所述決定大限化星到底「花落何處」的「天干資訊」。由「戊」這個天干，可以得知，此**「戊申」大限的大限四化星**，分別使得**貪狼大限化祿、太陰大限化權、右弼大限化科、天機大限化忌**。（參照P72）

　　所謂的貪狼大限化祿包含兩顆星星——「貪狼」以及「限祿」。同樣的太陰大限化權包含兩顆星星——「太陰」以及「限權」，而右弼大限化科包含兩顆星星——「右弼」以及「限科」，天機大限化忌包含兩顆星星——「天機」以及「限忌」。

　　現在我們將排出的12～21歲的這個大限命盤列示於下頁，並且稱之為C2命盤，而在C2命盤中，為了與這四顆大限化星——「限祿」、「限權」、「限科」、「限忌」做區隔，原命盤中的四化星——「祿」、「權」、「科」、「忌」，分別簡記為「本祿」、「本權」、「本科」、「本忌」。

天相 天鉞 鈴星 得 旺	天梁 文曲 廟 陷 本祿	廉貞 七殺 平 廟	文昌 天馬 得 旺 12-21
大限子女宮	**大限夫妻宮**	**大限兄弟宮**	**大限命宮**
巨門 陷			地空 廟
大限財帛宮	命四化〔壬天紫輔武〕 戊申大限四化〔戊貪陰弼機〕 　　　　　　命宮在未 　　　　　　身宮在亥		**大限父母宮**
紫微 貪狼 右弼 天魁 火星 旺 平 廟 平 本 限 限 權 祿 科			天同 陀羅 平 廟
大限疾厄宮	陽曆：1962年09月26日04時生 陰曆：壬寅年8月28日寅時生		**大限福德宮**
天機 太陰 得 旺 限 限 忌 權	天府 地劫 廟 陷	太陽 擎羊 陷 陷	武曲 破軍 左輔 祿存 平 平 廟 本 本 忌 科
大限遷移宮	**大限僕役宮**	**大限官祿宮**	**大限田宅宮**

C2命盤

由於在台灣社會中，大部分的人在12～21歲的這段時間，應該大部分時間都在求學，頂多只有在後面幾年，才可能會進入職場工作，這位男主持人也不例外，此外，由C2命盤可以看出，這位男主持人12～21歲的大限財帛宮之三方四正（大限財帛宮、大限福德宮、大限命宮、大限官祿宮），並沒有特別亮眼，不僅一顆財星也沒有，而且還有一些惡星，故仍屬於蓄勢待發的狀態。根據傳媒的報導，這位知名男主持人在12～21歲的十年大限中，曾經打過工，也參加過歌唱比賽，但是並沒有真正有名利上的收穫。

★ 範例4：某主持人22～31歲動產投資運勢

　　現在，讓我們繼續來看看這位知名男主持人22～31歲的大限運勢。同樣地，根據C1命盤，我們先排出這位知名男主持人22～31歲的大限命盤。

天相 天鉞 鈴星 得旺	天梁 文曲 廟陷 祿	廉 七 貞 殺 平 廟 02-11	文 天 昌 馬 得 旺 12-21
夫妻宮 乙巳	**兄弟宮** 丙午	**命宮** 丁未	**父母宮** 戊申
巨 門 陷			地 空 廟 22-31
子女宮 甲辰	命四化〔壬天紫輔武〕 命宮在未 身宮在亥		**福德宮** 己酉
紫 貪 右 天 火 微 狼 弼 魁 星 旺 平　 廟 平 權 82-91	陽曆：1962年09月26日04時生 陰曆：壬寅年8月28日寅時生		天 陀 同 羅 平 廟 32-41
財帛宮 癸卯			**田宅宮** 庚戌
天 太 機 陰 得 旺 72-81	天 地 府 劫 廟 陷 62-71	太 擎 陽 羊 陷 陷 52-61	武 破 左 祿 曲 軍 輔 存 平 平　 廟 忌　 科 42-51
疾厄宮 壬寅	**遷移宮** 癸丑	**僕役宮** 壬子	**官祿宮** 辛亥

C1命盤

根據前面所述，22～31歲這個大限的命宮（也就是大限命宮）應該落在原來C1命盤的「福德宮」位置，而此大限命宮所在的宮格內有一個文字——「**己酉**」，這個就是前面所述決定大限化星到底「花落何處」的「天干資訊」。那麼由「己」這個天干，可以得知，此**「己酉」大限的大限四化星**，分別使得**武曲大限化祿、貪狼大限化權、天梁大限化科、文曲大限化忌。**（參照P72）

　　所謂的武曲大限化祿包含兩顆星星——「武曲」以及「限祿」。同樣的貪狼大限化權包含兩顆星星——「貪狼」以及「限權」，而天梁大限化科包含兩顆星星————「天梁」以及「限科」，文曲大限化忌包含兩顆星星——「文曲」以及「限忌」。

　　現在我們將排出的22～31歲的這個大限命盤列示於下面，並且稱之為C3命盤。

天相 天鉞 鈴星 得 旺 **大限財帛宮**	天梁 文曲 廟 陷 本限 祿 忌 限 科 **大限子女宮**	廉 七 貞 殺 平 廟 **大限夫妻宮**	文昌 天馬 得 旺 **大限兄弟宮**
巨門 陷 **大限疾厄宮**	命四化〔壬天紫輔武〕 己酉大限四化〔己武貪梁曲〕 命宮在未 身宮在亥		地空 廟 22-31 **大限命宮**
紫貪右天火 微狼弼魁星 旺平 廟平 本限 權權 **大限遷移宮**	陽曆：1962年09月26日04時生 陰曆：壬寅年8月28日寅時生		天陀 同羅 平廟 **大限父母宮**
天太 機陰 得旺 **大限僕役宮**	天地 府劫 廟陷 **大限官祿宮**	太擎 陽羊 陷陷 **大限田宅宮**	武破左祿 曲軍輔存 平平 廟 本 本 忌 科 限 祿 **大限福德宮**

C3命盤

由C3命盤可以看出，這位知名男主持人22～31歲的大限財帛宮之三方四正，還是並沒有特別亮眼。雖然大限財帛宮之三方四正（大限財帛宮、大限福德宮、大限命宮、大限官祿宮），匯集了四顆財星——**「武曲」**、**「祿存」**、**「限祿」**與**「天府」**，且其中大限福德宮內的「祿存」與「限祿」這兩顆財星，使得大限財帛宮之三方四正，好像形成了所謂的「雙祿交流」的致富格局，乍看之下，似乎動產運勢一片大好。

然而仔細一看，大限財帛宮之三方四正，也匯集了四顆凶險的惡星——**「鈴星」**、**「忌」**、**「地空」**與**「地劫」**，且「鈴星」位於大限財帛宮內，故吉裡藏兇，使得動產運勢吉力大為降低。

因此22～31歲這十年雖然辛勤地努力耕耘，奈何運勢屢屢無法大開，還是無法真正得到名利，仍然是處於耕耘打基礎的狀態，而真正運勢大開，開始大鳴大放，則必須要等到32～41歲這個大限才會成。根據傳媒的報導，這位知名男主持人在22～31歲的十年大限中，積極走入演藝圈，曾經出過唱片，但歌是紅了，人卻沒有紅，依然還未嚐到成名的果實。

★ 範例5：某主持人32-41歲的動產投資運勢

現在就讓我們看看32～41歲這個大限，他是如何能夠開始大鳴大放。同樣地，根據C1命盤，我們先排出這位知名男主持人32～41歲的大限命盤。

天相 得 天鉞 旺 鈴星	天梁 廟 文曲 陷 祿	廉貞 平 七殺 廟	文昌 得 天馬 旺
		02-11	12-21
夫妻宮　乙巳	兄弟宮　丙午	命宮　丁未	父母宮　戊申
巨門 陷			地空 廟
	命四化〔壬天紫輔武〕	命宮在未 身宮在亥	22-31
子女宮　甲辰			福德宮　己酉
紫微 旺 貪狼 平 右弼 廟 天魁 火星 平 權			天同 平 陀羅 廟
82-91	陽曆：1962年09月26日04時生 陰曆：壬寅年8月28日寅時生		32-41
財帛宮　癸卯			田宅宮　庚戌
天機 得 太陰 旺	天府 廟 地劫 陷	太陽 陷 擎羊 陷	武曲 平 忌 破軍 平 左輔 廟 祿存 科
72-81	62-71	52-61	42-51
疾厄宮　壬寅	遷移宮　癸丑	僕役宮　壬子	官祿宮　辛亥

C1命盤

根據前面所述，32～41歲這個大限的命宮（也就是大限命宮）應該落在原來C1命盤的「田宅宮」位置，而此大限命宮所在的宮格內有一個文字──「**庚戌**」，這個就是前面所述決定大限化星到底「花落何處」的「天干資訊」。那麼由「庚」這個天干，可以得知，**此「庚戌」大限的大限四化星**，分別使得**太陽大限化祿、武曲大限化權、太陰大限化科、天同大限化忌**。（參照P72）

所謂的太陽大限化祿包含兩顆星星──「太陽」以及「限祿」。同樣的武曲大限化權包含兩顆星星──「武曲」以及「限權」，而太陰大限化科包含兩顆星星──「太陰」以及「限科」，天同大限化忌包含兩顆星星──「天同」以及「限忌」。

現在我們將排出的32～41歲的這個大限命盤列示於下頁，並且稱之為C4命盤。

天相 天鉞 鈴星 得 旺 大限疾厄宮	天梁 文曲 廟 陷 本 祿 大限財帛宮	廉貞 七殺 平 廟 大限子女宮	文昌 天馬 得 旺 大限夫妻宮
巨門 陷 大限遷移宮	命四化〔壬天紫輔武〕 庚戌大限四化〔庚陽武陰同〕 命宮在未 身宮在亥		地空 廟 大限兄弟宮
紫微 貪狼 右弼 天魁 火星 旺 平 廟 平 本 權 大限僕役宮	陽曆：1962年09月26日04時生 陰曆：壬寅年8月28日寅時生		天同 陀羅 平 廟 限 忌 32-41 大限命宮
天機 太陰 得 旺 限 科 大限官祿宮	天府 地劫 廟 陷 大限田宅宮	太陽 擎羊 陷 陷 限 祿 大限福德宮	武曲 破軍 左輔 祿存 平 平 廟 本 本 科 忌 限 權 大限父母宮

C4命盤

根據C4命盤，我們就來分析這個知名男主持人在32～41歲這個大限中，為何會開始大鳴大放。分析大限動產理財運勢與前面所述一生動產理財運勢分析類似，請參閱下表。

影響大限動產理財運勢的因素

第一重要因素 ►	大限財帛宮三方四正是否組合成可能致富格局
第二重要因素 ►	大限財帛宮的星星吉凶如何
第三重要因素 ►	大限福德宮的星星吉凶如何
第四重要因素 ►	大限命宮的星星吉凶如何
第五重要因素 ►	大限官祿宮的星星吉凶如何

第一，大限財帛宮三方四正是否組成可能致富格局

先看看這位知名男主持人在32～41歲這個大限之財帛宮的三方四正，是否有可能致富的格局？

根據可能致富格局的定義，32～41歲這個大限之財帛宮的三方四正（大限財帛宮、大限福德宮、大限命宮、大限官祿宮），有一個「雙祿交流」的可能致富格局。

讀者可以看到「**本祿**」以及「**限祿**」這兩顆星星，剛好分別位於這個大限之財帛宮以及福德宮，形成了「雙祿交流」的可能致富格局。

雖然這個十年大限之財帛宮三方四正，也有「**擎羊**」、「**陀羅**」與「**限忌**」三顆惡星，使得這個可能致富格局受到一些干

擾，然而幸運的是大限財帛宮的三方四正總共匯集了「**本祿**」、「**限祿**」、以及「**太陰**」三顆財星，且大限財帛宮內除了有一顆財星——「**本祿**」與一顆益星——「**文曲**」之外，沒有任何惡星，因此仍然造就了這位知名男主持人在32～41歲這個十年大限中，強力吸金，財源滾滾而來。

因此綜合論之，在影響大限動產投資運勢的第一重要因素上，這位知名男主持人算是大大加分。

第二，看看大限財帛宮的星星吉凶如何？

包括看大限財帛宮內是否有財星？是否有益星或惡星？星星亮度如何？

根據財星的定義（天府、武曲、太陰、祿存、本祿、限祿），這個大限的財帛宮有「**本祿**」這顆財星，算是大大加分。

而根據益星與惡星的定義，這個大限財帛宮有「**文曲**」這顆益星，而且並沒有任何惡星，也算是加了不少分數。此外，根據亮度的定義，大限財帛宮裡，「天梁」的亮度是「廟」、「文曲」的亮度是「陷」，算是差強人意的亮度組合。

故綜合論之，在影響大限動產理財運勢的第二重要因素上，此知名男主持人也算是大大加分。

第三，看看大限福德宮的星星吉凶如何？

包括看大限福德宮內是否有財星？是否有益星或惡星？星星亮度如何？

這個命盤的大限福德宮有「限祿」一顆財星，但是也有「擎

「羊」這顆惡星，因此雖然加了許多分，但是也扣了不少分，此外，「太陽」與「擎羊」的亮度都是「陷」，又扣了一些分數。

綜合論之，在影響大限動產投資運勢的第三重要因素上，此知名男主持人算是加分不少，但扣分也不少。

第四，看看大限命宮的星星吉凶如何？

是否有財星？是否有益星或惡星？星星亮度如何？這十年的大限命宮有「陀羅」與「限忌」兩顆惡星，算是扣分不少。而「天同」的亮度為「平」、「陀羅」的亮度為「廟」，亮度組合算是還OK。

因此綜合論之，在影響大限動產投資運勢的第四重要因素上，此知名男主持人算是扣分不少。

第五，看看大限官祿宮的星星吉凶如何？

是否有財星？是否有益星或惡星？星星亮度如何？

這個大限的大限官祿宮有「**太陰**」這顆財星，也有「**限科**」這顆益星，算是加分不少。此外，「**天機**」的亮度為「**得**」，「**太陰**」的亮度為「**旺**」，故亮度組合算是還不錯。

故綜合論之，在影響大限動產理財運勢的第五重要因素上，此知名男主持人算是加分很多。

綜合上述五大影響因素，此知名男主持人的32～41歲這十年大限動產投資運勢總結，算是非常的不錯，應該是進財相當驚人，雖然在動產方面的投資可能經常也會虧損不少，但是因為進財的額度相當大，所以還不會對財務狀況造成太大影響，故32～

41歲這十年大限應該可以累積不少財富。

　　根據傳媒的報導，這位知名男主持人在西元1994年左右，出了一張唱片，並因此而得到最佳男歌手獎。接著，開始轉戰主持界，41歲之前就變成收入甚豐且非常知名的主持人。

　　而在名利雙收的同時，這位知名男主持人開始兼職創業，開了一些公司與餐廳，而在這個十年大限中，雖然有些副業經營不善而結束營業，虧損了不少錢，但是因為個人進財能力相當強，所以還沒有對財務狀況造成太大影響。

　　在這裡，我們可以拿這名知名男主持人的32～41歲這十年大限動產投資運勢，與他自己22～31歲這十年大限動產投資運勢做一詳細比較。

　　首先，在影響大限動產理財運勢的第一重要因素上，32～41歲這十年大限財帛宮的三方四正，有一個「雙祿交流」的可能致富格局。而22～31歲這十年大限財帛宮的三方四正，也有一個「雙祿交流」的可能致富格局。因此在影響大限動產投資運勢的第一重要因素上，這兩個十年大限都加分不少，但是加分大抵上差不多。

　　再來，在影響大限動產投資運勢的第二重要因素上，32～41歲這十年大限財帛宮有一顆財星——「本祿」與一顆益星——「文曲」，而且沒有任何惡星，至於星星亮度則為「天梁」的亮度是「廟」、「文曲」的亮度是「陷」。

　　而22～31歲這十年大限財帛宮則沒有任何財星，不如32～

41歲這十年大限財帛宮有一顆財星——「本祿」。又，22～31歲這十年大限財帛宮雖然有一顆益星——「天鉞」，但是也有一顆惡星——「鈴星」，也不如32～41歲這十年大限財帛宮有一顆益星——「文曲」，而且沒有任何惡星。至於22～31歲這十年大限財帛宮之星星亮度組合則為「天相」的亮度是「得」，與32～41歲這十年大限財帛宮之星星亮度組合大概不相上下。

因此在影響大限動產投資運勢的第二重要因素上，32～41歲這十年大限遠優於22～31歲這十年大限。其中，32～41歲這十年大限，加了很多分數；而22～31歲這十年大限雖然也加了一些分數，但也扣了不少分數。

此外，在影響大限動產投資運勢的第三重要因素上，32～41歲這十年大限的福德宮有一顆財星——「限祿」，但是也有一顆惡星——「擎羊」，因此雖然加了許多分，但是也扣了不少分，此外，「太陽」與「擎羊」的亮度都是「陷」，又扣了一些分數。

至於22～31歲這十年大限的福德宮有三顆財星——「武曲」、「祿存」與「限祿」，兩顆益星——「左輔」與「本科」，但是也有一顆惡星——「本忌」，因此雖然加了許多分，但是也扣了不少分，另外，「武曲」與「破軍」的亮度都是「平」，又扣了一點分數。

因此在影響大限動產投資運勢的第三重要因素上，這兩個十年大限，都是得分不少，但是扣分也不少，　其中，32～41歲這

十年大限的得分，可能略遜於22～31歲這十年大限的得分。

　　而在影響大限動產投資運勢的第四重要因素上，32～41歲這十年大限的大限命宮有「陀羅」與「限忌」兩顆惡星，算是扣分不少。而「天同」的亮度為「平」、「陀羅」的亮度為「廟」，亮度組合還算OK。因此在影響大限動產投資運勢的第四重要因素上，32～41歲這十年大限，算是扣分不少。

　　至於22～31歲這十年大限的大限命宮有一顆惡星──「地空」，而「地空」的亮度為「廟」，亮度算是不錯。因此在影響大限動產投資運勢的第四重要因素上，22～31歲這十年大限，算是扣分不少。

　　因此，在影響大限動產投資運勢的第四重要因素上，這兩個十年大限，都是扣分不少，但可能32～41歲這十年大限的扣分，會略多於22～31歲這十年大限的扣分。

　　而在影響大限動產投資運勢的第五重要因素上，32～41歲這十年大限的大限官祿宮有「太陰」這顆財星，也有「限科」這顆益星，算是加分不少。此外，「天機」的亮度為「得」，「太陰」的亮度為「旺」，亮度組合算是還不錯。因此在影響大限動產投資運勢的第五重要因素上，32～41歲這十年大限，算是加分很多。

　　至於22～31歲這十年大限的大限官祿宮有一顆財星──「天府」，也有一顆惡星──「地劫」，因此雖然加分不少，但是扣分更多。此外，「天府」的亮度為「廟」、「地劫」的亮度

為「陷」，亮度組合算是還OK。因此在影響大限動產投資運勢的第五重要因素上，22～31歲這十年大限，算是加分不少，但是扣分更多。

因此在影響大限動產理財運勢的第五重要因素上，32～41歲這十年大限會優於22～31歲這十年大限。

上述兩個十年大限的動產理財運勢比較結果，如下表所示：

● 兩個大限的動產理財運勢比較結果

影響大限動產理財運勢的因素	32～41歲大限	22～31歲大限
第一重要因素	加分不少	加分不少
第二重要因素	加分不少	加一些分，但扣分更多
第三重要因素	加分不少，扣分也不少	加分不少，扣分也不少
第四重要因素	扣分不少	扣分不少
第五重要因素	加分不少	加分不少，但扣分更多

因此，由上表可以得知，綜合上述五大影響因素，此知名男主持人的22～31歲這十年大限動產投資運勢總結，雖然有些吉力，但是兇力過大，故吉裡藏兇，雖然很辛勤往上爬，還是無法真正得到名利，仍然是處於耕耘打基礎的狀態。

而32～41歲這十年大限動產投資運勢總結，吉力的確遠勝於22～31歲這十年大限動產投資運勢總結，而且兇力低於22～31歲這十年大限動產投資運勢總結。因此就在32～41歲這十年大限內，此知名男主持人才真正運勢大開，開始大鳴大放。

　　而由於前面有提到，這位知名男主持人若創業當老闆，恐怕會經常失利，因此在32～41歲這個十年大限中，兼職創業的公司與餐廳，有些因為經營不善而結束營業，虧損了不少錢，但是因為個人進財能力相當強，所以還沒有對財務狀況造成太大影響。

　　但是到了42～51歲這個十年大限，由於這十年大限動產投資運勢總結，吉力遠遜於32～41歲這個十年大限，而兇力則大於32～41歲這個十年大限，因此終於陷入財務窘困的地步。

★ 範例6：某主持人42～51歲動產投資運勢

　　現在就讓我們來看看，為什麼他在42～51歲這個十年大限中，會創業發生大失利。同樣地，根據C1命盤，我們先排出這位知名男主持人42～51歲的大限命盤。

天相 天鉞 鈴星 得 旺 夫妻宮　乙巳	天梁 文曲 廟 陷 祿 兄弟宮　丙午	廉貞 七殺 平 廟 02-11 命宮　丁未	文昌 天馬 得 旺 12-21 父母宮　戊申
巨門 陷 子女宮　甲辰	命四化〔壬天紫輔武〕	命宮在未 身宮在亥	地空 廟 22-31 福德宮　己酉
紫微 貪狼 右弼 天魁 火星 旺 平　廟 平 權 82-91 財帛宮　癸卯	陽曆：1962年09月26日04時生	陰曆：壬寅年8月28日寅時生	天同 陀羅 平 廟 32-41 田宅宮　庚戌
天機 太陰 得 旺 72-81 疾厄宮　壬寅	天府 地劫 廟 陷 62-71 遷移宮　癸丑	太陽 擎羊 陷 陷 52-61 僕役宮　壬子	武曲 破軍 左輔 祿存 平 平　廟 忌　科 42-51 官祿宮　辛亥

C1命盤

根據前面所述，42～51歲這個大限的命宮（也就是大限命宮）應該落在原來C1命盤的「官祿宮」位置，而此大限命宮所在的宮格內有一個文字——「**辛亥**」，這個就是前面所述決定大限化星到底「花落何處」的「天干資訊」（參照P72）。那麼由「辛」這個天干，可以得知，此「**辛亥」大限的大限四化星**，分別使得**巨門大限化祿、太陽大限化權、文曲大限化科、文昌大限化忌**。

　　所謂的巨門大限化祿包含兩顆星星——「巨門」以及「限祿」。同樣的太陽大限化權包含兩顆星星——「太陽」以及「限權」，而文曲大限化科包含兩顆星星——「文曲」以及「限科」，文昌大限化忌包含兩顆星星——「文昌」以及「限忌」。

　　現在我們將排出的42～51歲的這個大限命盤列示於下頁，並且稱之為C5命盤。

Money Luck

天天鈴 相鋴星 得旺 **大限遷移宮**	天文 梁曲 廟陷 本限 祿科 **大限疾厄宮**	廉七 貞殺 平廟 **大限財帛宮**	文天 昌馬 得旺 限 忌 **大限子女宮**
巨 門 陷 限 祿 **大限僕役宮**	命四化〔壬天紫輔武〕 辛亥大限四化〔辛巨陽曲昌〕 　　　　　　　　　命宮在未 　　　　　　　　　身宮在亥		地 空 廟 **大限夫妻宮**
紫貪右天火 微狼弼魁星 旺平　廟平 本 權 **大限官祿宮**	陽曆：1962年09月26日04時生 陰曆：壬寅年8月28日寅時生		天陀 同羅 平廟 **大限兄弟宮**
天太 機陰 得旺 **大限田宅宮**	天地 府劫 廟陷 **大限福德宮**	太擎 陽羊 陷陷 限 權 **大限父母宮**	武破左祿 曲軍輔存 平平　廟 本　本 忌　權 　　　42-51 **大限命宮**

C5命盤

根據C5命盤，我們就來分析這個知名男主持人在42～51歲這十年當中，為何會創業發生大失利。分析大限動產投資運勢與前面所述一生動產投資運勢分析類似，請參閱下表。

● 影響大限動產投資運勢的因素

第一重要因素	大限財帛宮三方四正是否組合成可能致富格局
第二重要因素	大限財帛宮的星星吉凶如何
第三重要因素	大限福德宮的星星吉凶如何
第四重要因素	大限命宮的星星吉凶如何
第五重要因素	大限官祿宮的星星吉凶如何

第一，大限財帛宮三方四正是否組成可能致富格局

先看看這位知名男主持人在42～51歲這個大限之財帛宮的三方四正，是否有可能致富的格局？

根據可能致富格局的定義，42～51歲這個大限之財帛宮（大限財帛宮、大限福德宮、大限命宮、大限官祿宮）的三方四正，並沒有可能致富的格局。

因此綜合論之，在影響大限動產投資運勢的第一重要因素上，此知名男主持人算是沒有加分。

第二，看看大限財帛宮的星星吉凶如何？

包括看大限財帛宮內是否有財星？是否有益星或惡星？星星亮度如何？根據財星（天府、武曲、太陰、祿存、本祿、限祿）

Money Luck

的定義，42～51歲這個十年大限的財帛宮沒有任何財星。

而根據益星與惡星的定義，這個大限的財帛宮沒有益星，也沒有任何惡星。此外，根據亮度的定義，大限財帛宮裡，「廉貞」的亮度是「平」、「七殺」的亮度是「廟」，算是差強人意的亮度組合。所以在影響大限動產投資運勢的第二重要因素上，這位知名男主持人幾乎沒有加分也沒有扣分。

第三，看看大限福德宮的星星吉凶如何？

包括看大限福德宮內是否有財星？是否有益星或惡星？星星亮度如何？這個命盤的**大限福德宮有「天府」一顆財星，但是也有「地劫」這顆惡星**，因此雖然加了許多分，但是也扣了不少分，此外，「天府」與「地劫」的亮度分別是「廟」與「陷」，算是差強人意的亮度組合。因此，在影響大限動產投資運勢的第三重要因素上，此知名男主持人算是加分不少，但扣分也不少。

第四，看看大限命宮的星星吉凶如何？

是否有財星？是否有益星或惡星？星星亮度如何？這個大限的大限命宮有兩顆財星——**「武曲」與「祿存」**，兩顆益星——**「左輔」與「本科」**，但是也有一顆惡星——**「本忌」**，因此雖然加了許多分，但是也扣了不少分，另外，「武曲」與「破軍」的亮度都是「平」，又扣了一點分數。

故在影響大限動產投資運勢的第四重要因素上，此知名男主持人算是加分很多，但是也扣分不少。

第五，看看大限官祿宮的星星吉凶如何？

是否有財星？是否有益星或惡星？星星亮度如何？這個大限的大限官祿宮有三顆益星——**「右弼」、「天魁」**與**「本權」**，但是也有一顆惡星——**「火星」**，因此雖然加了許多分，但是也扣了一些分，另外，「紫微」、「貪狼」與「火星」的亮度分別是「旺」、「平」、「平」，算是差強人意的亮度組合。

因此，在影響大限動產投資運勢的第五重要因素上，此知名男主持人算是加分很多，但是也扣分不少。

綜合上述五大影響因素，此知名男主持人的42～51歲這十年大限動產投資運勢總結，算是進財多，失財也多，但是由於吉力不夠強，而兇力不夠弱，所以是顯示吉裡藏兇的結果，若不知趨吉避凶，仍執意擴大副業經營的規模，將導致財務發生困難。

根據傳媒的報導，這位知名男主持人在42～51歲這十年大限中，擴大副業經營的規模，導致所經營的一些副業，紛紛結束營業，而其中投入金額最大的副業—「○○科技公司」，發生經營困難，所投入的龐大資金，一直無法回收，而導致這位知名男主持人的財務狀況陷入窘困的局面。

現在請您再度拿出您的命盤，您若想要知道您某個十年大限的動產投資理財方面之總體運勢，請仿照上面的推論方法，即可大概判斷出您某個十年大限的動產投資運勢。

10年不動產投資運勢這樣看

　　現在我們再來看看要如何分析某個十年大限的不動產投資理財方面的總體運勢。分析大限不動產投資運勢與前面所述一生不動產投資運勢分析類似。除了需要看這十年大限的大限田宅宮之外，還必須看這十年大限的大限子女宮、這十年大限的大限兄弟宮、以及這十年大限的大限疾厄宮這三個宮，而這三個宮就是「紫微斗數」所謂的大限田宅宮之三方，此三個宮再加上大限田宅宮本身，共有四個宮，則稱之為大限田宅宮的三方四正。

大限福德宮	**大限田宅宮**	大限官祿宮	大限僕役宮
大限父母宮			大限遷移宮
大限命宮			**大限疾厄宮**
大限兄弟宮	大限夫妻宮	**大限子女宮**	大限財帛宮

大限田宅宮的三方四正

前面所述判斷一生的不動產投資之總體運勢所用的方法，可以全部應用在判斷某個十年大限的不動產理財之總體運勢上，請參閱下表：

● 影響大限不動產投資運勢的因素

第一因素	◀●	大限田宅宮三方四正是否組合成可能致富格局
第二因素	◀●	大限田宅宮的星星吉凶如何
第三因素	◀●	大限子女宮的星星吉凶如何
第四因素	◀●	大限兄弟宮的星星吉凶如何
第五因素	◀●	大限疾厄宮的星星吉凶如何

現在我們一樣以這位男歌手的「紫微斗數」命盤為例，論斷一下這位男歌手的十年大限不動產投資之總體運勢。由於不動產投資通常需要的資金很大，有的人終其一生都無法存到足夠的錢去買一間房，因此這位男歌手要有錢買不動產，有可能要等到22～31歲這十年大限，因為這個十年大限才有錢可以購置不動產。

天祿 府存 得廟 22-31 **大限命宮**	天太擎 同陰羊 陷平陷 限本 權權 　限 　祿 **大限父母宮**	武貪天 曲狼鉞 廟廟旺 本 祿 **大限福德宮**	太巨天 陽門馬 得廟旺 　限 　忌 **大限田宅宮**
陀 羅 廟 **大限兄弟宮**	命四化〔戊貪陰弼機〕 丁巳大限四化〔丁陰同機巨〕 　　　　　　命宮在卯 　　　　　　身宮在亥		天地 相劫 陷平 **大限官祿宮**
廉破左 貞軍輔 平陷 **大限夫妻宮**	陽曆：1979年01月18日戌時生 陰曆：戊午年12月20日戌時生		天天 機梁 平廟 本 忌 限 科 **大限僕役宮**
文 曲 平 **大限子女宮**	天鈴地 魁星空 旺得陷 **大限財帛宮**	文 昌 得 **大限疾厄宮**	紫七右火 微殺弼星 旺平平平 　　　本 　　　科 **大限遷移宮**

B3命盤

範例1：某男歌手22～31歲的不動產投資運勢

依據B3命盤，我們現在就來看看這位男歌手在22～31歲的十年大限中，不動產投資運勢如何。

第一，大限田宅宮三方四正是否組成致富格局

先看看這位知名男歌手在22～31歲這個大限之田宅宮的三方四正是否有可能致富格局？根據可能致富格局的定義，22～31歲這個大限之田宅宮的三方四正並沒有可能致富格局。

因此在影響大限不動產投資運勢的第一重要因素上，此知名男歌手算是沒有加分。

第二，看看大限田宅宮的星星吉凶如何？

包括看大限田宅宮內是否有財星？是否有益星或惡星？星星亮度如何？根據財星的定義，這個大限的田宅宮並無上述財星的任何一顆。

而根據益星與惡星的定義，這個大限的田宅宮有「限忌」這顆惡星，算是扣分不少，而由於是巨門大限化忌，故有時候會因為不動產投資起糾紛，甚至發生訴訟。此外，根據亮度的定義，大限田宅宮裡，「太陽」的亮度是「得」、「巨門」的亮度是「廟」，算是不錯的亮度組合。

故綜合論之，在影響大限不動產投資運勢的第二重要因素上，此知名男歌手算是扣了一些分數。

Money Luck

第三，看看大限子女宮的星星吉凶如何？

包括看大限子女宮內是否有財星？是否有益星或惡星？星星亮度如何？這個命盤的大限子女宮有「文曲」這顆益星，算是加了一些分數，而「文曲」的亮度是「平」，算是差了一點。

綜合論之，在影響大限不動產投資運勢的第三重要因素上，此知名男歌手算是加了一些分數。

第四，看看大限兄弟宮的星星吉凶如何？

是否有財星？是否有益星或惡星？星星亮度如何？這個大限的大限兄弟宮有「陀羅」這顆惡星，幸好「陀羅」的亮度為「廟」，惡性減輕一些，故扣分還不會太多。

綜合論之，在影響大限不動產投資運勢的第四因素上，此知名男歌手算是扣了一些分數。

第五，看看大限疾厄宮的星星吉凶如何？

是否有財星？是否有益星或惡星？星星亮度如何？這個大限的大限疾厄宮有「文昌」這顆益星，算是加了一些分數，而「文昌」的亮度是「得」，算是還不錯。

綜合論之，在影響大限不動產理財運勢的第五因素上，此知名男歌手算是加了一些分數。

因此，綜合上述影響因素，此男歌手的22～31歲這十年大限不動產投資運勢總結，算是有吉有兇，但是由於這十年靠工作暴富，因此有很多餘錢可以投資不動產。然而，這十年所投資的不動產，雖然會有一些增值，但是也會有投資不順的時候，尤其

可能會因為投資不動產而起糾紛，甚至發生訴訟。

　　現在，您應該已經會推算某個十年大限投資理財運勢了，不過某個十年大限投資理財運勢的結果，指的是一個人這個十年大限的理財運勢總結果，因此有的人雖然某個十年大限投資理財運勢總結果很好，但是卻屬於「先苦後甘」的類型，也就是說前幾年投資處處不順，一直到最後幾年才突然投資運爆發。

　　然而，有的人雖然某個十年大限投資理財運勢總結果很不好，但是卻屬於「先甘後苦」的類型，也就是說前幾年投資處處順利，但是到最後幾年才突然投資虧損連連。因此，讀者有必要知道自己在某一年的投資運到底狀況如何，以便趨吉避凶。

　　那麼如何快速推算您的某年理財運勢？請接著翻開第四章──「快速推算某年投資理財運勢」。

第四章

快速推算
某年投資理財運勢

Money Luck

財運　一生　十年　某年　某月　某日

讀者看完了前面所述的內容之後，當可大概知道自己的一生以及每個十年大限投資理財運勢的總結，「紫微斗數」之所以稱為「神數」，當然每一流年的投資理財運勢總結，也是可以推斷出來的。某一年投資運勢的吉凶，將會總結出您這一年投資運勢的結果。

通常一生動產投資運勢好的人，在某個動產投資運勢也好的十年大限中，若遇到某個流年動產投資運勢好，那麼這個流年若有進行動產方面的投資，通常會獲利不少。

而一生動產投資運勢不好的人，在某個動產投資運勢也不好的十年大限中，若遇到某個流年動產投資運勢不好，那麼這個流年若有進行動產方面的投資，通常會虧損不少。

至於一生不動產投資運勢好的人，在某個不動產投資運勢也好的十年大限中，若遇到某個流年不動產投資運勢好，那麼這個流年若有進行不動產方面的投資，通常會獲利不少。

而一生不動產投資運勢不好的人，在某個不動產投資運勢也不好的十年大限中，若遇到某個流年不動產投資運勢不好，那麼這個流年若有進行不動產方面的投資，通常會虧損不少。

想要知道自己某一年的理財運勢如何，當然也必須知道一些基本概念，現在請您再拿出自己的命盤，邊聽筆者一一解說。

前面筆者曾經說過，「紫微斗數」由於有許多派系，而每個派系內又有一些歧異的觀點，因此為了讓讀者簡易判斷，筆者提供一種比較簡單的判斷準則，讓讀者可以簡單判斷一生以及某個

十年投資理財的運勢結果，雖然這種判斷方法，由於簡略，導致準確度會有點降低，然而除了一些比較特殊的命盤之外，通常所得到的準確度也不差！

當然，現在要判斷某年的理財運勢結果，「紫微斗數」各派名家的看法更為分歧，在此，筆者同樣提供一種比較簡單的判斷準則，讓讀者可以簡單判斷某年投資理財的運勢結果，雖然這種判斷方法，同樣因簡略將導致準確度降低，然而由於方法相當簡單方便，可以讓讀者輕易地自行推斷。

不過根據筆者經驗，推算出來的流年投資運勢結果的準確度，通常比推算出來的十年大限投資運勢結果的準確度來得低。故讀者對於推論出來的流年投資運勢結果，最好可以先驗證看看自己以往的投資理財經驗是否結果確實如此，若準確度不低，那麼就不妨將推論出來的結果，當作自己未來進行理財的參考！

筆者提供的簡單判斷準則，除了需要知道前面所述36顆「紫微斗數」定義的星星分布在哪裡之外，還需要知道四顆星星。這四顆星星就是所謂**流年的四化星：流年祿星**（在此簡稱為「**年祿**」）、**流年權星**（在此簡稱為「**年權**」）、**流年科星**（在此簡稱為「**年科**」）、**流年忌星**（在此簡稱為「**年忌**」）。

在判斷某年投資理財的運勢結果，這四顆流年化星的性質與「本祿」、「本權」、「本科」、「本忌」、「限祿」、「限權」、「限科」、「限忌」這八顆化星相同，然而重要性分別為流年四化星最重要，大限四化星第二重要，而「本祿」、「本

權」、「本科」、「本忌」這四顆化星第三重要。

其中，「年祿」是財星，與前面所述的「限祿」相比，對於某年投資運勢的加分更大。而「年權」與「年科」都屬於益星，與前面所述的「限權」與「限科」相比，對於某年投資運勢的加分更大。至於「年忌」，則是惡星，與前面所述的「限忌」相比，對於某年理財運勢的扣分更大。下表為此40顆星星的吉凶分類。

● 40顆「紫微斗數」星星的簡易分類表

財星類（最吉）	天府、武曲、太陰、祿存、本祿、限祿、年祿。
益星類（次吉）	左輔、右弼、天魁、天鉞、文昌、文曲、本權、本科、限權、限科、年權、年科。
惡星類（兇）	擎羊、陀羅、火星、鈴星、地空、地劫、本忌、限忌、年忌。
中性星類	紫微、廉貞、天相、七殺、破軍、貪狼、天機、天同、天梁、太陽、巨門、天馬。

想要知道某一流年的投資理財運勢，請先查農民曆，看看此流年是哪一年。例如今年是陰曆「癸巳年」，「癸巳年」的第一天是陰曆1月1日，也就是所謂的陰曆「大年初一」，剛好是西元2013年的2月10日；而「癸巳年」的最後一天是陰曆12月30日，也就是所謂的陰曆「除夕」，剛好是西元2014年的1月30

Money Luck

日。

因此，所謂「癸巳年」這一整年的投資運勢，指的是「癸巳年」陰曆1月1日到陰曆12月30日這段期間的投資運勢，或者說是西元2013年的2月10日到西元2014年的1月30日這段期間的理財運勢。

那麼想要知道「癸巳年」這一整年的理財運勢，可以先由「癸」這個天干得知，**「癸巳年」這一年的流年四化星**，分別使得**破軍流年化祿、巨門流年化權、太陰流年化科、貪狼流年化忌**。（參照P72）

所謂的破軍流年化祿包含兩顆星星——「破軍」以及「年祿」，同樣的巨門流年化權、太陰流年化科、貪狼流年化忌也都各包含了兩顆星星。

另外由「癸巳年」中的「地支」～「巳」，可以知道，「癸巳年」這一年的每個人之流年命宮在每個人自己命盤上的「巳宮」上。

因此順時針排列，流年父母宮、流年福德宮、流年田宅宮、流年官祿宮、流年僕役宮、流年遷移宮、流年疾厄宮、流年財帛宮、流年子女宮、流年夫妻宮、流年兄弟宮，這11個宮分別在「午宮」、「未宮」、「申宮」、「酉宮」、「戌宮」、「亥宮」、「子宮」、「丑宮」、「寅宮」、「卯宮」、「辰宮」等位置上。

某年動產／不動產投資運勢這樣看

現在請再度拿出您的命盤，若想要知道您某年的動產理財之總體運勢，除了需要看這一年的流年財帛宮之外，還必須看這一年的流年福德宮、這一年的流年命宮、以及這一年的流年官祿宮這三個宮，而這三個宮就是「紫微斗數」所謂的流年財帛宮之三方，此三個宮再加上流年財帛宮本身，共有四個宮，則稱之為流年財帛宮的三方四正。

流年福德宮	流年田宅宮	流年官祿宮	流年僕役宮
流年父母宮			流年遷移宮
流年命宮			流年疾厄宮
流年兄弟宮	流年夫妻宮	流年子女宮	流年財帛宮

流年財帛宮的三方四正

前面所述判斷一生與十年的動產投資理財之總體運勢所用的方法，可以全部應用在判斷某一年的動產投資理財之總體運勢上，請參閱下表：

● 影響流年動產投資運勢的因素

第一重要因素 ◗	流年財帛宮三方四正是否組合成可能致富格局
第二重要因素 ◗	流年財帛宮的星星吉凶如何
第三重要因素 ◗	流年福德宮的星星吉凶如何
第四重要因素 ◗	流年命宮的星星吉凶如何
第五重要因素 ◗	流年官祿宮的星星吉凶如何

現在我們再來研究一下前面那位台灣男歌手的某一流年動產投資運勢。由於這位男歌手在22~31歲這十年大限動產投資的運勢算是非常的不錯，突然大爆發，故這十年進財算是相當驚人。因此我們根據B3命盤，來看看他在22~31歲這十年中，可能哪一年會有爆發機會。

天祿 府存 得廟 22-31 **大限命宮**	天太擎 同陰羊 陷平陷 限本 權權 限 祿 **大限父母宮**	武貪天 曲狼鉞 廟廟旺 本 祿 **大限福德宮**	太巨天 陽門馬 得廟旺 限 忌 **大限田宅宮**
陀 羅 廟 **大限兄弟宮**	命四化〔戊貪陰弼機〕 丁巳大限四化〔丁陰同機巨〕 　　　　　　命宮在卯 　　　　　　身宮在亥		天地 相劫 陷平 **大限官祿宮**
廉破左 貞軍輔 平陷 **大限夫妻宮**	陽曆：1979年01月18日戌時生 陰曆：戊午年12月20日戌時生		天天 機梁 平廟 本 忌 限 科 **大限僕役宮**
文 曲 平 **大限子女宮**	天鈴地 魁星空 旺得陷 **大限財帛宮**	文 昌 得 **大限疾厄宮**	紫七右火 微殺弼星 旺平平平 本 科 **大限遷移宮**

B3命盤

根據「紫微斗數」實際論盤經驗，通常流年命宮所在位置與大限命宮所在位置相同時，會對命盤主人產生很大的影響力，因此我們來看一下陰曆「辛巳年」。

　　「辛巳年」這一個流年，這位男歌手是24歲，這一流年的流年命宮坐落在「巳宮」，恰好與大限命宮坐落的位置相同，而這一年的流年四化星分別使得巨門流年化祿、太陽流年化權、文曲流年化科、文昌流年化忌。

　　所謂的巨門流年化祿包含兩顆星星──「巨門」以及「年祿」，同樣的太陽流年化權包含兩顆星星──「太陽」以及「年權」、文曲流年化科包含兩顆星星──「文曲」以及「年科」、文昌流年化忌包含兩顆星星──「文昌」以及「年忌」。

　　因此，根據B3命盤，我們先排出這位知名男歌手24歲的流年命盤。根據前面所述，24歲這個流年的命宮（也就是流年命宮）落在「巳宮」位置，而其餘流年各宮以及流年四化星，可以由前面所述的排盤方法，一一排出，排出的這位男歌手24歲流年命盤，列示於下頁，並且稱之為B4命盤。而在此流年命盤的圖示中，流年四化星，分別簡記為「年祿」、「年權」、「年科」、「年忌」。

天祿 府存 得廟	天太擎 同陰羊 陷平陷 限本 權權 限 祿	武貪天 曲狼鉞 廟廟旺 本 祿	太巨天 陽門馬 得廟旺 年限忌 權年 祿
24 **流年命宮**	**流年父母宮**	**流年福德宮**	**流年田宅宮**

陀 羅 廟	命四化〔戊貪陰弼機〕 丁巳大限四化〔丁陰同機巨〕 辛巳流年四化〔辛巨陽曲昌〕 命宮在卯 身宮在亥		天地 相劫 陷平
流年兄弟宮			**流年官祿宮**

廉破左 貞軍輔 平陷	陽曆：1979年01月18日戌時生 陰曆：戊午年12月20日戌時生		天天 機梁 平廟 本 忌 限 科
流年夫妻宮			**流年僕役宮**

文 曲 平 年 科	天鈴地 魁星空 旺得陷	文 昌 得 年 忌	紫七右火 微殺弼星 旺平平平 本 科
流年子女宮	**流年財帛宮**	**流年疾厄宮**	**流年遷移宮**

B4命盤

現在，我們可以根據B4命盤，來論斷這位男歌手24歲這一個流年的動產投資運勢。

　　第一，先看看這位知名男歌手在24歲這一個流年之財帛宮的三方四正，是否有可能致富的格局？根據可能致富格局的定義，24歲這一個流年之財帛宮的三方四正，有兩個可能致富格局，分別是「雙祿朝垣」以及「鈴貪」。

　　讀者可以看到「**本祿**」以及「**祿存**」這兩顆星星，剛好坐落在24歲這一個流年之財帛宮的三方，形成了「**雙祿朝垣**」的可能致富格局。而**鈴星**位於這個流年之**財帛宮**，且貪狼星位於這個流年之財帛宮三方，故形成了「**鈴貪**」的可能致富格局。

　　雖然這個流年之財帛宮三方四正，也有「地空」與「地劫」兩顆惡星，使得這兩個可能致富格局受到一些干擾，然而幸運的是流年財帛宮的三方四正總共匯集了「天府」、「祿存」、「武曲」以及「本祿」四顆財星，因此仍然造就了這位男歌手在24歲這個流年中，強力吸金，財源滾滾而來。

　　此外，「鈴貪」這個格局與前面所提的「火貪」格局一樣，也會使吸金能力突然爆發，故前面有提到這位男歌手22~31歲這十年中必有進財運突然爆發的時候，而其中一次爆發就應驗在24歲這一流年。

　　因此綜合論之，在影響流年動產投資運勢的第一重要因素上，此知名男歌手算是大大加分。

　　第二，看看流年財帛宮的星星吉凶如何？包括看流年財帛宮

內是否有財星？是否有益星或惡星？星星亮度如何？根據財星的定義，這個流年的財帛宮並無上述財星的任何一顆。

而根據益星與惡星的定義，這個流年的財帛宮有「天魁」這顆益星，但也有「鈴星」與「地空」兩顆惡星。此外，根據亮度的定義，「鈴星」的亮度是「得」、「地空」的亮度是「陷」，算是差強人意的亮度組合。

故綜合論之，在影響流年動產投資運勢的第二重要因素上，此知名男歌手算是得分不多、而扣分不少，故有時候會損失一些財。

第三，看看流年福德宮的星星吉凶如何？包括看流年福德宮內是否有財星？是否有益星或惡星？星星亮度如何？這個命盤的流年福德宮有「武曲」以及「本祿」兩顆財星，又有「天鉞」這顆益星，算是大大加分，且「武曲」與「貪狼」的亮度都是「廟」，算是相當不錯。

因此，在影響流年動產投資運勢的第三重要因素上，此知名男歌手算是大大加分。

第四，看看流年命宮的星星吉凶如何？是否有財星？是否有益星或惡星？星星亮度如何？這個流年的流年命宮有「天府」與「祿存」兩顆財星，算是大大加分，且「天府」的亮度為「得」，也算OK。

故綜合論之，在影響流年動產投資運勢的第四重要因素上，此知名男歌手算是大大加分。

Money Luck

第五，看看流年官祿宮的星星吉凶如何？是否有財星？是否有益星或惡星？星星亮度如何？這個流年的流年官祿宮有「地劫」這顆惡星，算是扣分不少，另外，流年官祿宮裡的「天相」之亮度為「陷」，亮度算不佳。

故綜合論之，在影響流年動產投資運勢的第五重要因素上，此知名男歌手算是扣分不少。

因此，綜合上述五大影響因素，此知名男歌手的24歲流年動產投資運勢總結，算是非常的不錯，應該是進財相當驚人，且屬於突然爆發性質，若有進行動產投資，可能會獲利甚多，但是有時動產投資也會虧損一些，不過虧損的額度與進財的額度相比，算是小意思，故24歲這個流年應該可以累積相當多的財富。

根據傳媒的報導，此男歌手在西元2000年的年底左右，推出了他第一張唱片專輯，出片之後沒多久，馬上大賣，因此2001年名利雙收，而名利雙收這一年剛好他24歲，應驗了上述流年運勢的推盤結果。

當然，若想要知道您某年的不動產理財之總體運勢，除了需要看這年的流年田宅宮之外，還必須看這一年的流年子女宮、流年兄弟宮、以及流年疾厄宮這三個宮，而這三個宮就是「紫微斗數」所謂的流年田宅宮之三方，此三個宮再加上流年田宅宮本身，共有四個宮，則稱之為流年田宅宮的三方四正。

流年福德宮	流年田宅宮	流年官祿宮	流年僕役宮
流年父母宮			流年遷移宮
流年命宮			流年疾厄宮
流年兄弟宮	流年夫妻宮	流年子女宮	流年財帛宮

流年田宅宮的三方四正

　　第二章和第三章所述判斷一生與十年的不動產投資運勢所用的方法，可以全部應用在判斷某流年的不動產投資運勢上，請參閱下表及前文內容自行練習判斷：

● 影響流年不動產理財運勢的因素

第一因素	➡ 流年田宅宮三方四正是否組合成可能致富格局
第二因素	➡ 流年田宅宮的星星吉凶如何
第三因素	➡ 流年子女宮的星星吉凶如何
第四因素	➡ 流年兄弟宮的星星吉凶如何
第五因素	➡ 流年疾厄宮的星星吉凶如何

Money Luck

第五章

快速推算
某月 投資理財運勢

Money Luck

財運
一生

十年

某年

某月

某日

讀者看完了前面所述的內容之後，當可大概知道自己的一生、每個十年大限、每一個流年投資理財運勢的總結，「紫微斗數」之所以稱為「神數」，當然每一流年的每一個流月之理財運勢總結，也是可以推斷出來的。

某一流月投資理財運勢的吉凶，將會總結出您這一個月投資運勢的結果。想要知道自己的某一個月理財投資如何，當然也必須知道一些基本概念，現在請您再拿出自己的命盤，邊看筆者的一一解說。

前面筆者曾經說過，「紫微斗數」由於有許多派系，而每個派系內又有一些歧異的觀點，因此為了讓讀者簡易判斷，筆者提供一種比較簡單的判斷準則，讓讀者可以簡單判斷一生、某個十年、某一年的理財運勢結果。當然，現在要判斷某年的某一個月之理財運勢結果，「紫微斗數」各派名家的看法就更為分歧了。

在此，筆者同樣提供一種比較簡單的判斷準則，讓讀者可以簡單判斷某個流月理財的運勢結果，雖然準確度會略為降低，然而由於方法簡略，可以讓讀者輕易地自行推斷，因此，讀者可以對照自己以往的投資理財經驗，當作自行推斷未來投資理財運勢的參考！

不過根據筆者經驗，推算出來的流月投資運勢結果的準確度，通常比推算出來的流年投資運勢結果的準確度來得低，故讀者對於推論出來的結果，應該抱持僅供參考的態度為佳。

筆者提供的簡單判斷準則，除了需要知道前面所述40顆「紫

微斗數」定義的星星分布在哪裡之外，還需要知道四顆星星。這四顆星星就是所謂**流月的四化星：流月祿星**（在此簡稱為「**月祿**」）、**流月權星**（在此簡稱為「**月權**」）、**流月科星**（在此簡稱為「**月科**」）、**流月忌星**（在此簡稱為「**月忌**」）。

在判斷某個流月投資理財的運勢結果，這四顆流月化星的性質與「本祿」、「本權」、「本科」、「本忌」、大限四化星、流年四化星等12顆化星相同，然而對於某個流月投資運勢的重要性而言，則是流月四化星最重要，流年四化星第二重要，大限四化星第三重要，而「本祿」、「本權」、「本科」、「本忌」這四顆化星第四重要。

其中，「月祿」是財星，與前面所述的「年祿」相比，對於某一流月投資運勢的加分更大。而「月權」與「月科」都屬於益星，與前面所述的「年權」與「年科」相比，對於某一流月投資運勢的加分更大。至於「月忌」，則是惡星，與前面所述的「年忌」相比，對於某一流月理財運勢的扣分更大。

下表為此44顆星星的吉凶分類：

● 44顆「紫微斗數」星星的簡易分類表

財星類（最吉）	天府、武曲、太陰、祿存、本祿、限祿、年祿、月祿。
益星類（次吉）	左輔、右弼、天魁、天鉞、文昌、文曲、本權、本科、限權、限科、年權、年科、月權、月科。
惡星類（兇）	擎羊、陀羅、火星、鈴星、地空、地劫、本忌、限忌、年忌、月忌。
中性星類	紫微、廉貞、天相、七殺、破軍、貪狼、天機、天同、天梁、太陽、巨門、天馬。

　　想要知道您某一流年中的某一流月之投資理財運勢，必須知道您出生在陰曆哪一月份與哪一個時辰，此外，還要知道您的流年命宮所在位置為何。

　　為了便於說明起見，下面以一圖示搭配文字做說明。請參閱下圖：

Money Luck

找出流月命宮所在位置

癸巳年 **流年命宮** 巳宮	午宮	未宮	申宮
辰宮			酉宮
癸巳年一月 **流月命宮** 卯宮	陰曆10月未時出生		戌宮
寅宮	丑宮	子宮	亥宮

比如說，今年是陰曆「癸巳年」，您的流年命宮在「巳宮」，而假設您出生在陰曆10月的未時（13:00~14:59），則請從流年命宮所在的宮格開始數起（注意喔！流年命宮所在的宮格也要數），先逆時針數10個宮格（因為出生在陰曆10月），如此一來會數到「申宮」這個宮格。

接著從「申宮」這個宮格開始數起（注意喔！「申宮」這個宮格也要數），按照子、丑、寅、卯、辰、巳、午、未、申、酉、戌、亥的順序，順時針數到「未」這個序位（因為出生在未時），如此一來會數到「卯宮」這個宮格，因此「卯宮」這個宮格，就是您陰曆「癸巳年」一月的流月命宮所在位置。

如此一來，在陰曆「癸巳年」的一月，您的流月命宮、流月父母宮、流月福德宮、流月田宅宮、流月官祿宮、流月僕役宮、流月遷移宮、流月疾厄宮、流月財帛宮、流月子女宮、流月夫妻宮、流月兄弟宮，這12個宮分別在「卯宮」、「辰宮」、「巳宮」、「午宮」、「未宮」、「申宮」、「酉宮」、「戌宮」、「亥宮」、「子宮」、「丑宮」、「寅宮」等位置上，上述陰曆「癸巳年」的一月之流月各宮所在位置，如下圖所示。

流月福德宮 巳宮	流月田宅宮 午宮	流月官祿宮 未宮	流月僕役宮 申宮
流月父母宮 辰宮			流月遷移宮 酉宮
癸巳年一月 流月命宮 卯宮	陰曆10月未時出生		流月疾厄宮 戌宮
流月兄弟宮 寅宮	流月夫妻宮 丑宮	流月子女宮 子宮	流月財帛宮 亥宮

以陰曆「癸巳年」一月之流月命宮為基準（**注意喔！流月命宮所在的宮格不用數**），順時針數一個宮格就是陰曆「癸巳年」二月之流月命宮所在位置。因為陰曆「癸巳年」一月之流月命宮坐落在「卯宮」，所以陰曆「癸巳年」二月之流月命宮坐落在「辰宮」。

再順時針數一個宮格就是陰曆「癸巳年」三月之流月命宮所在位置，所以陰曆「癸巳年」三月之流月命宮坐落在「巳宮」，……以此類推，就可以找出其他流月的流月命宮所在位置，上述陰曆「癸巳年」的各月之流月命宮所在位置，如下圖所示。

找出各流月之流月命宮所在位置

癸巳年三月 **流月命宮** 巳宮	癸巳年四月 **流月命宮** 午宮	癸巳年五月 **流月命宮** 未宮	癸巳年六月 **流月命宮** 申宮
癸巳年二月 **流月命宮** 辰宮			癸巳年七月 **流月命宮** 酉宮
癸巳年一月 **流月命宮** 卯宮	陰曆10月未時出生		癸巳年八月 **流月命宮** 戌宮
癸巳年十二月 **流月命宮** 寅宮	癸巳年十一月 **流月命宮** 丑宮	癸巳年十月 **流月命宮** 子宮	癸巳年九月 **流月命宮** 亥宮

知道各流月的流月命宮所在位置之後，各流月的流月父母宮、流月福德宮，……所在位置，就可以陸續被找出來。

　　另外，每一個流月的四化星（「月祿」、「月權」、「月科」、「月忌」）到底「花落何處」，您可以由農民曆中的資訊，推算得知。比如說根據農民曆得知，陰曆「癸巳年」三月是「丙辰月」，那麼由「丙」這個天干，可以知道陰曆「癸巳年」三月的**流月四化星**，分別使得**天同流月化祿、天機流月化權、文昌流月化科、廉貞流月化忌**。

　　所謂的天同流月化祿包含兩顆星星——「天同」以及「月祿」，同樣的天機流月化權、文昌流月化科、廉貞流月化忌也都各包含了兩顆星星。

　　現在我們利用前面B4命盤來做說明。如上所述，這位男歌手24歲那年（「辛巳年」）的流年命宮在「巳宮」，而這位男歌手出生在陰曆12月的戌時（19:00～20:59）。

天祿府存得廟　24　　　　流年命宮	天太擎同陰羊陷平陷限本權權限祿　流年父母宮	武貪天曲狼鉞廟廟旺本祿　流年福德宮	太巨天陽門馬得廟旺年限限權忌年祿　流年田宅宮
陀羅廟　　　　流年兄弟宮	命四化〔戊貪陰弼機〕 丁巳大限四化〔丁陰同機巨〕 辛巳流年四化〔辛巨陽曲昌〕 　　　命宮在卯 　　　身宮在亥		天地相劫陷平 　　流年官祿宮
廉破左貞軍輔平陷　流年夫妻宮	陽曆：1979年01月18日戌時生 陰曆：戊午年12月20日戌時生		天天機梁平廟本本忌限科　流年僕役宮
文曲平年科　流年子女宮	天鈴地魁星空旺得陷　流年財帛宮	文昌得年忌　流年疾厄宮	紫七右火微殺弼星旺平平本科　流年遷移宮

B4命盤

故請從「巳宮」這個宮格開始數起，先逆時針數12格（因為出生在陰曆12月），如此一來會數到「午宮」這個宮格。

　　接著從「午宮」這個宮格開始數起，按照子、丑、寅、卯、辰、巳、午、未、申、酉、戌、亥的順序，順時針數到「戌」這個序位（因為出生在戌時），如此一來會數到「辰宮」這個宮格。因此「辰宮」，就是這位男歌手陰曆「辛巳年」一月的流月命宮所在位置。

　　再由農民曆查出，陰曆「辛巳年」一月是「庚寅月」，那麼由「庚」這個天干，可以知道，此月的流月四化星，分別使得太陽流月化祿、武曲流月化權、太陰流月化科、天同流月化忌。

　　故排出的這位男歌手陰曆「辛巳年」一月的流月命盤如下圖所示，我們將此命盤稱之為B5命盤。圖中並沒有標出流月四顆化星，這個留給讀者自行練習。

天祿 府存 得廟	天太擎 同陰羊 陷平陷 限本 權權 限 祿	武貪天 曲狼鉞 廟廟旺 本 祿	太巨天 陽門馬 得廟旺 年限忌 權年 祿
流月父母宮	流月福德宮	流月田宅宮	流月官祿宮

陀
羅
廟

命四化〔戊貪陰弼機〕
丁巳大限四化〔丁陰同機巨〕
辛巳流年四化〔辛巨陽曲昌〕
庚寅流月四化〔庚陽武陰同〕

命宮在卯
身宮在亥

天地
相劫
陷平

辛巳年一月
流月命宮

流月僕役宮

廉破左
貞軍輔
平陷

陽曆：1979年01月18日戌時生
陰曆：戊午年12月20日戌時生

天天
機梁
平廟
本
忌
限
科

流月兄弟宮

流月遷移宮

文 曲 平年 科	天鈴地 魁星空 旺得陷	文 昌 得年 忌	紫七右火 微殺弼星 旺平平平 本 科
流月夫妻宮	流月子女宮	流月財帛宮	流月疾厄宮

B5命盤

假設我們想要知道這位男歌手陰曆「辛巳年」三月的流月命盤，那麼依照前面所述順時針排列規則，從陰曆「辛巳年」一月的流月命宮所在位置（亦即「辰宮」的位置）開始數起，順時針數3格，如此一來會數到「午宮」這個宮格。因此「午宮」，就是這位男歌手陰曆「辛巳年」三月的流月命宮所在位置。

而陰曆「辛巳年」三月的流月父母宮、流月福德宮、流月田宅宮、流月官祿宮、流月僕役宮、流月遷移宮、流月疾厄宮、流月財帛宮、流月子女宮、流月夫妻宮、流月兄弟宮，這11個宮就會分別落在「未宮」、「申宮」、「酉宮」、「戌宮」、「亥宮」、「子宮」、「丑宮」、「寅宮」、「卯宮」、「辰宮」、「巳宮」等位置上。

再由農民曆查出，陰曆「辛巳年」三月是「壬辰月」，那麼由「壬」這個天干，可以知道此月的流月四化星，分別使得**天梁流月化祿、紫微流月化權、左輔流月化科、武曲流月化忌**。

故排出的這位男歌手陰曆「辛巳年」三月的流月命盤如下圖所示，我們將此命盤稱之為B6命盤。

天祿 府存 得廟	天太擎 同陰羊 陷平陷 限本 權 限 祿 辛巳年三月	武貪天 曲狼鉞 廟廟旺 月本 忌祿	太巨天 陽門馬 得廟旺 年限 權忌 年 祿
流月兄弟宮	**流月命宮**	**流月父母宮**	**流月福德宮**

陀 羅 廟	命四化〔戊貪陰弼機〕 丁巳大限四化〔丁陰同機巨〕 辛巳流年四化〔辛巨陽曲昌〕 壬辰流月四化〔壬梁紫左武〕 命宮在卯 身宮在亥	天地 相劫 陷平
流月夫妻宮		**流月田宅宮**
廉破左 貞軍輔 平陷月 科	陽曆：1979年01月18日戊時生 陰曆：戊午年12月20日戊時生	天天 機梁 平廟 本月 忌祿 限 科
流月子女宮		**流月官祿宮**

文 曲 平年 科	天鈴地 魁星空 旺得陷	文 昌 得年 忌	紫七右火 微殺弼星 旺平平 月本 權科
流月財帛宮	**流月疾厄宮**	**流月遷移宮**	**流月僕役宮**

B6命盤

流月動產／不動產投資運勢這樣看

　　現在請再度拿出您的命盤，您若想要知道您某一流月的動產投資運勢，除了需要看這一流月的流月財帛宮之外，還必須看這一流月的流月福德宮、流月命宮、以及流月官祿宮這三個宮，而這三個宮就是「紫微斗數」所謂的流月財帛宮之三方，此三個宮再加上流月財帛宮本身，共有四個宮，則稱之為流月財帛宮的三方四正。

流月福德宮	流月田宅宮	流月官祿宮	流月僕役宮
流月父母宮			流月遷移宮
流月命宮			流月疾厄宮
流月兄弟宮	流月夫妻宮	流月子女宮	流月財帛宮

流月財帛宮的三方四正

前面所述判斷一生、十年、流年的動產投資理財之總體運勢所用的方法，可全部應用在判斷某一流月的動產投資理財運勢上，請參閱下表：

影響流月動產投資運勢的因素

第一重要因素	流月財帛宮三方四正是否組合成可能致富格局
第二重要因素	流月財帛宮的星星吉凶如何
第三重要因素	流月福德宮的星星吉凶如何
第四重要因素	流月命宮的星星吉凶如何
第五重要因素	流月官祿宮的星星吉凶如何

當然，您若想要知道您某一流月的不動產投資理財運勢，除了需要看這一流月的流月田宅宮之外，還必須看這一流月的流月子女宮、流月兄弟宮、以及流月疾厄宮這三個宮，而這三個宮就是「紫微斗數」所謂的流月田宅宮之三方，此三個宮再加上流月田宅宮本身，共有四個宮，則稱之為流月田宅宮的三方四正，如下圖所示。

流月福德宮	**流月田宅宮**	流月官祿宮	流月僕役宮
流月父母宮			流月遷移宮
流月命宮			**流月疾厄宮**
流月兄弟宮	流月夫妻宮	**流月子女宮**	流月財帛宮

流月田宅宮的三方四正

前文所述判斷一生、十年、流年的不動產投資理財總體運勢所用的方法，可全部應用在判斷某流月的不動產投資理財總體運勢上，請參閱下表：

● 影響流月不動產理財運勢的因素

第一因素	➡ 流月田宅宮三方四正是否組合成可能致富格局
第二因素	➡ 流月田宅宮的星星吉凶如何
第三因素	➡ 流月子女宮的星星吉凶如何
第四因素	➡ 流月兄弟宮的星星吉凶如何
第五因素	➡ 流月疾厄宮的星星吉凶如何

第六章

快速推算
某日投資理財運勢

Money Luck

財運 一生 十年 某年 某月 某日

讀者看完了前面所述的內容之後，當可大概知道自己的一生、每個十年大限、每一個流年、每一個流月投資理財運勢的總結，有「神數」之稱的「紫微斗數」，當然每一流月的每一個流日之投資運勢總結，也是可以推斷出來的。

某一流日投資理財運勢的吉凶，將會總結出您這一個流日投資理財運勢的結果。想要知道自己的某一個流日的投資運勢如何，當然也必須知道一些基本概念，現在請您再拿出自己的命盤，邊看筆者的一一解說。

前文筆者曾經說過，「紫微斗數」由於有許多派系，而每個派系內又有一些歧異的觀點，因此為了讓讀者簡易判斷，筆者提供一種比較簡單的判斷準則，讓讀者可以簡單判斷一生、某個十年、某一年、某一月的理財運勢結果。當然，現在要判斷某月的某一日之投資理財運勢結果，各派名家的看法自然是更為分歧。

在此，筆者同樣提供一種比較簡單的判斷準則，讓讀者可以簡單判斷某個流日理財的運勢結果，雖然這種判斷方法，同樣由於簡略，會使準確度略為降低，然而由於方法簡略，可以讓讀者輕易地自行推斷，因此，讀者可以對照自己以往的理財經驗，作為自行推斷未來投資理財運勢的參考！

不過根據筆者經驗，推算出來的流日投資運勢結果的準確度，通常比推算出來的流月投資運勢結果的準確度來得低，故讀者對於推論出來的結果，應該抱以參考的態度為佳。

筆者提供的簡單判斷準則，除了需要知道前面所述44顆「紫

微斗數」定義的星星分布在哪裡之外，還需要知道四顆星星。這四顆星星就是所謂**流日的四化星：流日祿星**（在此簡稱為「**日祿**」）、**流日權星**（在此簡稱為「**日權**」）、**流日科星**（在此簡稱為「**日科**」）、**流日忌星**（在此簡稱為「**日忌**」）。

在判斷某個流日理財的運勢結果，這四顆流日化星的性質與「本祿」、「本權」、「本科」、「本忌」、大限四化星、流年四化星、流月四化星等16顆化星相同，然而對於某個流日投資運勢的重要性而言，則是流日四化星最重要，流月四化星第二重要，流年四化星第三重要，大限四化星第四重要，而「本祿」、「本權」、「本科」、「本忌」這四顆化星第五重要。

其中，「日祿」是財星，與前面所述的「月祿」相比，對於某一流日理財運勢的加分更大。而「日權」與「日科」都屬於益星，與前面所述的「月權」與「月科」相比，對於某一流日投資運勢的加分更大。至於「日忌」，則是惡星，與前面所述的「月忌」相比，對於某一流日投資運勢的扣分更大。

下表為此48顆星星的吉凶分類。

🌑 48顆「紫微斗數」星星的簡易分類表

財星類（最吉）	➡	天府、武曲、太陰、祿存、本祿、限祿、年祿、月祿、日祿。
益星類（次吉）	➡	左輔、右弼、天魁、天鉞、文昌、文曲、本權、本科、限權、限科、年權、年科、月權、月科、日權、日科。
惡星類（兇）	➡	擎羊、陀羅、火星、鈴星、地空、地劫、本忌、限忌、年忌、月忌、日忌。
中性星類	➡	紫微、廉貞、天相、七殺、破軍、貪狼、天機、天同、天梁、太陽、巨門、天馬。

　　想要知道某一流月中的某一流日之理財運勢，就必須知道此流日所屬月份的流月命宮所在位置為何，而此流月命宮所在位置，即是此流月的陰曆初一之流日命宮所在位置。

　　至於這個流月的其他流日，則可以此月陰曆初一這個流日命宮所在位置為基準，順時針數一宮格就是此月陰曆初二的流日命宮所在位置，再順時針數一宮格就是此月陰曆初三的流日命宮所在位置，……以此類推，就可以找出想要知道的某流日之流日命宮所在位置。因此想要知道的某流日之流日父母宮、流日福德宮、……所在位置，就可以陸續被找出來。

　　至於流日四化星的配置，可以仿照流月找出流月四化星的方法，去查此日是陰曆哪一日，然後據此找出流日四化星，接著仿照流月投資運勢的判斷方法，自行研究這個流日的投資運勢。

為了更清楚地說明，假設某命盤主人之陰曆「癸巳年」三月的流月命宮坐落於「巳宮」，那麼此命盤主人之陰曆「癸巳年」三月初一的流日命宮會坐落在「巳宮」，如下圖所示。

找出某命盤主人之某流月陰曆初一之流日命宮所在位置

癸巳年三月 **流月命宮** 癸巳年三月初一 **流日命宮** 巳宮	午宮	未宮	申宮
辰宮			酉宮
卯宮			戌宮
寅宮	丑宮	子宮	亥宮

而依照順時針排列規則，陰曆「癸巳年」三月初二、初三、……等流日的流日命宮，則會依序坐落在「午宮」、「未宮」……等宮格上。上述陰曆「癸巳年」三月的各日之流日命宮所在位置，如下圖所示。

找出某命盤主人之某流月的各流日之流日命宮所在位置

癸巳年三月初一 **流日命宮** 巳宮	癸巳年三月初二 **流日命宮** 午宮	癸巳年三月初三 **流日命宮** 未宮	癸巳年三月初四 **流日命宮** 申宮
癸巳年三月十二 **流日命宮** 辰宮			癸巳年三月初五 **流日命宮** 酉宮
癸巳年三月十一 **流日命宮** 卯宮			癸巳年三月初六 **流日命宮** 戌宮
癸巳年三月初十 **流日命宮** 寅宮	癸巳年三月初九 **流日命宮** 丑宮	癸巳年三月初八 **流日命宮** 子宮	癸巳年三月初七 **流日命宮** 亥宮

Money Luck

而知道各流日的流日命宮所在位置之後，各流日的流日父母宮、流日福德宮、……所在位置，就可以陸續被找出來。例如陰曆「癸巳年」的三月十一日之流日各宮所在位置，如下圖所示。

找出某命盤主人之某流日之流日各宮所在位置

流日福德宮 巳宮	流日田宅宮 午宮	流日官祿宮 未宮	流日僕役宮 申宮
流日父母宮 辰宮			流日遷移宮 酉宮
癸巳年三月十一日 流日命宮 卯宮			流日疾厄宮 戌宮
流日兄弟宮 寅宮	流日夫妻宮 丑宮	流日子女宮 子宮	流日財帛宮 亥宮

另外，每一個流日的四化星（「日祿」、「日權」、「日科」、「日忌」）到底「花落何處」，您可以由農民曆中的資訊，推算得知。比如說根據農民曆得知，陰曆「癸巳年」三月十一日是「丙辰日」，那麼由「丙」這個天干，可以知道，陰曆「癸巳年」三月十一日的流日四化星，分別使得天同流日化祿、天機流日化權、文昌流日化科、廉貞流日化忌。（參照P72）

所謂的天同流日化祿包含兩顆星星~「天同」以及「日祿」，同樣的天機流日化權、文昌流日化科、廉貞流日化忌也都各包含了兩顆星星。

為了讓讀者更熟練地找出流日命盤，現在我們利用前面B6命盤來做說明。如上所述，陰曆「辛巳年」三月時，這位男歌手的流月命宮在「午宮」，故陰曆「辛巳年」三月初一時，這位男歌手的流日命宮在「午宮」。

Money Luck

天祿 府存 得廟	天太擎 同陰羊 陷平陷 限本 權 權 　限　辛巳年三月 　祿	武貪天 曲狼鉞 廟廟旺 月本 忌祿	太巨天 陽門馬 得廟旺 年限 權　忌 　　年 　　祿
流月兄弟宮	流月命宮	流月父母宮	流月福德宮

陀羅廟　　　　流月夫妻宮

命四化〔戊貪陰弼機〕
丁巳大限四化〔丁陰同機巨〕
辛巳流年四化〔辛巨陽曲昌〕
壬辰流月四化〔壬梁紫左武〕

天地
相劫
陷平　　流月田宅宮

廉破左
貞軍輔
平陷月
科　　流月子女宮

命宮在卯
身宮在亥

陽曆：1979年01月18日戌時生
陰曆：戊午年12月20日戌時生

天天
機梁
平廟
本月
忌祿
限
科　　流月官祿宮

文曲 平年 科	天鈴地 魁星空 旺得陷	文昌 得年 忌	紫七右火 微殺弼星 旺平平 月本 權　科
流月財帛宮	流月疾厄宮	流月遷移宮	流月僕役宮

B6命盤

而依照前面所述其他流日命宮所在宮位的推算方法，陰曆「辛巳年」三月初二時，這位男歌手的流日命宮在「未宮」；陰曆「辛巳年」三月初三時，這位男歌手的流日命宮在「申宮」；……。

　　假設我們想要知道這位男歌手在陰曆「辛巳年」3月18日的流日命盤，那麼先要找出陰曆「辛巳年」3月18日的流日命宮所在位置。依據前面所述順時針排列規則，從陰曆「辛巳年」3月1日的流日命宮所在位置（亦即「午宮」的位置）開始數起，順時針數18格，如此一來會數到「亥宮」這個宮格。因此「亥宮」，就是這位男歌手陰曆「辛巳年」3月18日的流日命宮所在位置。

　　再由農民曆查出，陰曆「辛巳年」3月18日是「甲辰日」，那麼由「甲」這個天干，可以知道此日的流日四化星，分別使得**廉貞流日化祿、破軍流日化權、武曲流日化科、太陽流日化忌**。

　　故排出的這位男歌手陰曆「辛巳年」3月18日的流日命盤如下圖所示，我們將此命盤稱之為B7命盤。

Money Luck

天祿　　　　天太擎　　　武貪天　　　太巨天
府存　　　　同陰羊　　　曲狼鉞　　　陽門馬
得廟　　　　陷平陷　　　廟廟旺　　　得廟旺
　　　　　　限本　　　　　月本　　　年限
　　　　　　權權　　　　　忌祿　　　權忌
　　　　　　　　限　　　　　日　　　日年
　　流日遷移宮　　祿流日疾厄宮　　科流日財帛宮　忌祿流日子女宮

陀羅廟　　　　　　　　　　　　　　　　　　天　地
　　　　　　　　　　　　　　　　　　　　　相　劫
　　　　命四化〔戊貪陰弼機〕　　　　　　陷　平
　　　　丁巳大限四化〔丁陰同機巨〕
　　　　辛巳流年四化〔辛巨陽曲昌〕
　　　　壬辰流月四化〔壬梁紫左武〕
　　　　甲辰流日四化〔甲廉破武陽〕
　　流日僕役宮　　　　　　　　　　　　　　　流日夫妻宮

廉破左　　　　　　　　　命宮在卯　　　　天　天
貞軍輔　　　　　　　　　身宮在亥　　　　機　梁
平陷月　　　　　　　　　　　　　　　　　平　廟
日日科　　　　　　　　　　　　　　　　　本　月
祿權　　　　陽曆：1979年01月18日戌時生　忌　祿
　　　　　　陰曆：戊午年12月20日戌時生　限
　　　　　　　　　　　　　　　　　　　　科
　　流日官祿宮　　　　　　　　　　　　　　　流日兄弟宮

文曲　　　　天鈴地　　　文　　　　　紫七右火
平年　　　　魁星空　　　昌　　　　　微殺弼星
科　　　　　旺得陷　　　得　　　　　旺平平
　　　　　　　　　　　　年　　　　　月本
　　　　　　　　　　　　忌　　　　　權科
　　流日田宅宮　　流日福德宮　　流日父母宮　　流日命宮

B7命盤

現在請再度拿出您的命盤，您若想要知道您某一流日的動產投資理財之總體運勢，除了需要看這一流日的流日財帛宮之外，還必須看這一流日的流日福德宮、流日命宮、以及流日官祿宮這三個宮，而這三個宮就是「紫微斗數」所謂的流日財帛宮之三方，此三個宮再加上流日財帛宮本身，共有四個宮，則稱之為流日財帛宮的三方四正。

流日福德宮	流日田宅宮	流日官祿宮	流日僕役宮
流日父母宮			流日遷移宮
流日命宮			流日疾厄宮
流日兄弟宮	流日夫妻宮	流日子女宮	流日財帛宮

流日財帛宮的三方四正

前文所述判斷一生、十年、流年、流月的動產投資理財總體運勢所用的方法，可全部應用在判斷某一流日的動產投資理財之總體運勢上，請參閱下表：

Money Luck

⬤ 影響流日動產投資運勢的因素

第一重要因素	➤	流日財帛宮三方四正是否組合成可能致富格局
第二重要因素	➤	流日財帛宮的星星吉凶如何
第三重要因素	➤	流日福德宮的星星吉凶如何
第四重要因素	➤	流日命宮的星星吉凶如何
第五重要因素	➤	流日官祿宮的星星吉凶如何

　　當然，您若想要知道您某一流日的不動產投資理財總體運勢，除了需要看這一流日的流日田宅宮之外，還必須看這一流日的流日子女宮、流日兄弟宮、以及流日疾厄宮這三個宮，而這三個宮就是「紫微斗數」所謂的流日田宅宮之三方，此三個宮再加上流日田宅宮本身，共有四個宮，則稱之為流日田宅宮的三方四正。如下圖所示：

流日福德宮	**流日田宅宮**	流日官祿宮	流日僕役宮
流日父母宮			流日遷移宮
流日命宮			**流日疾厄宮**
流日兄弟宮	流日夫妻宮	**流日子女宮**	流日財帛宮

流日田宅宮的三方四正

　　前文所述判斷一生、十年、流年、流月的不動產投資理財總體運勢所用的方法，可全部應用在判斷某流日的不動產投資理財之總體運勢上，請參閱下表：

🌑 影響流日不動產投資運勢的因素

第一因素	➜	流日田宅宮三方四正是否組合成可能致富格局
第二因素	➜	流日田宅宮的星星吉凶如何
第三因素	➜	流日子女宮的星星吉凶如何
第四因素	➜	流日兄弟宮的星星吉凶如何
第五因素	➜	流日疾厄宮的星星吉凶如何

　　走筆到此，筆者希望本書所提供的快速且簡易的投資運勢速推法，可以讓讀者快速且輕易地自行推算自己任何時機點的理財運勢，讓想要變更有錢一點的您，可以透過投資前先算一算而趨吉避凶，小錢滾出大錢途，買房炒股順勢而賺。

　　最後，也感謝您不吝於花了這麼多時間，耐心地看完這本讀起來有點累的書！

國家圖書館出版品預行編目資料

投資運勢速推法 / 邱士林 著. -- 初版. -- 新北市中和區 :
創見文化, 2013.12　面；　公分　（優智庫；51）
　ISBN 978-986-271-419-5 (平裝)

1.理財　2.投資　3.財運
563　　　　　　　　　　　　　　　102019373

創見文化

投資運勢速推法

出 版 者 ▌創見文化
作　　者 ▌邱士林
品質總監 ▌王寶玲
總 編 輯 ▌歐綾纖
文字編輯 ▌蔡靜怡
美術設計 ▌蔡億盈

郵撥帳號 ▌50017206 采舍國際有限公司（郵撥購買，請另付一成郵資）
台灣出版中心 ▌新北市中和區中山路2段366巷10號10樓
電　　話 ▌（02）2248-7896　　　　傳　　真 ▌（02）2248-7758
I S B N ▌978-986-271-419-5
出版日期 ▌2013年12月

全球華文市場總代理　▌采舍國際
地　　址 ▌新北市中和區中山路2段366巷10號3樓
電　　話 ▌（02）8245-8786　　　　傳　　真 ▌（02）8245-8718

新絲路網路書店
地　　址 ▌新北市中和區中山路2段366巷10號10樓
電　　話 ▌（02）8245-9896
網　　址 ▌www.silkbook.com